SINTAXIS DEL ESPAÑOL

스페인어 문장 이야기

유연창

HUFS BOOKS

머리말

외국어 학습의 목표는 무엇인가

외국어 학습의 최종 목표는 주어진 상황에서 의사소통에 필요한 표현이나 문장을 만들어 자유롭게 사용하는 것이다. 필요한 문장을 만들 수 있는 능력이 있어야 말하기・쓰기가 가능하고, 그리고 나서 읽기・듣기가 가능해지는 것이다. 결국 가장 중요한 것은 '문장을 만드는 능력'이다. 내가 모르는 문장, 내가 만들지 못하는 문장은 쓰거나 말할 수 없고, 이해하거나 듣지 못하기 때문이다. 따라서 우리는 문법과 어휘를 바탕으로 올바른 문장을 만드는 능력을 키우는데 최선을 다해야 할 것이다.

문장 구조의 이해는 왜 필요한가

문장은 건물에 비유될 수 있다. 훌륭한 건물을 지으려면 벽돌, 시멘트, 철근 등과 같은 우수한 건축자재가 필요하고, 또 건축 규범에 해당하는 우수한 설계도가 필요하다. 설계도에 따라 건축자재를 사용하여 훌륭한 건물을 지을 수 있듯이, 우리는 문법이라는 규칙에 따라 적합한 어휘를 사용하여 올바른 문장을 만들 수 있는 것이다. 따라서 훌륭한 건물을 짓기 위해서는 설계도를 통하여 건물의 유형과 내부구조를 파악하는 것이 필요하듯이, 올바른 문장을 지으려면 문장의 유형과 내부구조를 파악하는 것이 필요하다.

『스페인어 문장 이야기』의 목적은 무엇인가

이 책은 복잡한 통사이론을 다루는 책이 아니다. 스페인어 작문 능력을 키우는 것을 목적으로 한다. 스페인어의 문장의 구성요소, 각 요소의 기능, 각 요소의 상호 관계, 문장의 각 유형에 대하여 이야기하고, 각 유형의 문장 형태를 다양한 예문과 함께 제시함으로써, 스페인어에 대한 전반적인 이해를 추구하였다. 따라서 이 책을 통하여 스페인어의 문장구조를 이해할 수 있고, 스페인어 능력이 한층 더 높아질 것이라 확신한다.

끝으로 본서는 2010년 개정된 철자법을 적용하였다는 점을 밝힌다.

2011년 11월　유연창

Contents

제1장 문장과 문장의 요소

1. 문장과 문장의 요소

1.1 문장이란 무엇인가

문장(oración)은 '생각이나 감정을 말로 표현할 때 완결된 내용을 나타내는 최소의 단위', 혹은 '단어를 연결하여 의사를 전달하는 최소의 단위'를 말한다. 그리고 문장은 동사의 인칭 변화 형태를 갖고 있는 언어활동의 한 양식이다. 다시 말하면, 문장은 어떤 논리적 판단이 언어에 의하여 외형화된 것이다. 외형화 이전의 판단은 논리학 분야에 속하고, 그 판단이 표현되면 문장은 문법의 영역에 속하게 된다. 문장은 주어와 서술어를 갖추고 있는 것이 원칙이지만, 경우에 따라 주어나 서술어가 생략될 수도 있다. 그리고 대부분의 언어에서 문장의 끝에는 온점(.), 물음표(?), 느낌표(!) 따위의 마침표를 찍는다.

- Se le salió un gallo.
  그는 (노래하다가) 삑사리를 냈다.
- Me han robado el coche.
  나는 자동차를 도난당했다.
- Ya verás lo guapa que es Julia.
  훌리아가 얼마나 예쁜지 이제 너는 알게 될 거야.
- Eligieron a mi padre presidente.
  그들은 나의 아버지를 대통령으로 선출했다.
- Se me cayó el bolígrafo.
  나는 볼펜을 떨어뜨렸다.

- Hizo muy bien el examen, que sacó un diez.
  그는 시험을 잘 봐서 10점을 받았다.
- Siento haberte hecho esperar tanto tiempo.
  그렇게 오래 너를 기다리게 해서 미안해.
- ¿Qué te parece si tomamos una copa?
  우리 한잔하는 게 어때?

1.2 문장의 요소

1.2.1. 주어(sujeto)

문장의 주어는 어떤 사실을 확인하는 요소이며, 명사, 대명사, 명사화한 형용사, 부정사, 부사, 명사절 등이 주어가 될 수 있다.

- **Dios** es todopoderoso. [명사]
  신은 전지전능하다.
- **Luis** estudia español. [고유명사]
  루이스는 스페인어를 공부한다.
- **Ella** es muy amable. [대명사]
  그녀는 매우 친절하다.
- **Los pobres** piden limosna. [형용사]
  가난한 사람들은 구걸을 한다.
- **Ver** es creer. [부정사]
  보는 것이 믿는 것이다.
- Le cuesta trabajo **levantarse** por la mañana. [부정사]
  아침에 일어나는 것이 그에게는 힘이 든다.
- **Hoy** es martes. [부사]
  오늘은 화요일이다.
- **El que persigue** consigue. [명사절]
  추구하는 자가 성취한다.

1.2.2. 서술어(predicado)

1 **명사적 서술어**(predicado nominal o atributo): 명사적 서술어는 주어의 자질을 말하고, 일반적으로 형용사나 명사가 된다.

- Carlos **es alto**. [형용사] 까를로스는 키가 크다.
- Julia **es guapa**. [형용사] 훌리아는 예쁘다.
- Felipe **es arquitecto**. [명사] 펠리뻬는 건축가이다.
- Antonio **es abogado**. [명사] 안또니오는 변호사이다.

2 **동사적 서술어**(predicado verbal): 주어의 활동이나 행위, 현상을 표현한다.

- Los perros **corren**. 개들이 달리고 있다.
- María **toma cerveza**. 마리아는 맥주를 마신다.
- Nosotros **vamos al mar**. 우리들은 바다로 간다.

1.2.3. 보어(complemento)

보어는 어떤 주어나 사물을 완전하게 보충하는 문장 요소를 말한다. 예를 들면, el autor de la novela에서 de la novela는 문법적으로 autor의 보어가 된다. autor는 너무 일반적이고 막연한 의미를 나타내는데, 보어를 통하여 한정된 의미를 갖게 되는 것이다.

1 **주어의 보어**

(1) 한정보어: 주어의 범위를 한정하는 역할을 한다. 전치사 de를 동반하며, 형용사나 형용사구에 해당한다.

- El clima **de Corea** (=coreano) es húmedo.
  한국의 기후는 습하다.

- El tren **de Madrid** (que viene de Madrid) acaba de llegar.
  마드리드에서 오는 기차가 방금 도착했다.

(2) 설명한정보어: 성(género)과 수(número)에서 주어와 일치하는 품질형용사를 말한다.

- El obrero **aplicado** trabaja sin descanso.
  근면한 노동자는 쉬지 않고 일한다.
- Los estudiantes **inteligentes** siempre sacan buenas notas.
  지혜로운 학생들은 항상 좋은 성적을 받는다.

(3) 동격보어: 전치사 없이 쉼표를 사용하여 연결되는 명사(구)를 말한다.

- Seúl, **capital de Corea**, es una ciudad muy grande.
  한국의 수도 서울은 매우 큰 도시이다.
- Alfonso, **el hijo de Antonio**, es un escritor famoso.
  안또니오의 아들 알폰소는 유명한 작가이다.

(4) 상황보어: 전치사(de는 제외)로 연결되는 명사(구) 혹은 명사화된 단어들을 말한다.

- vacaciones **en París** 파리에서의 휴가
- lectura **sin descanso** 쉬지 않고 하는 독서
- encuardenación **con hierros** 철사 제본

2 동사적 서술어의 보어

(1) 직접목적어: 직접목적어는 사람, 동물, 사물을 말하는 단어로 타동사의 행위를 완전하게 직접 받으며, 타동사와 함께 존재

해야 한다. '직접보어', 혹은 '직접목적어'라고 하는데, 본서에서는 '직접목적어'라는 용어를 사용하기로 한다.

- Alberto abre **la puerta**. 알베르또는 문을 연다.
- Estudio **inglés y francés**. 나는 영어와 프랑스어를 공부하고 있다.
- Queremos **a nuestra patria**. 우리는 우리 조국을 사랑한다.

(2) 간접목적어: 간접목적어는 주로 사람이 되며 직접목적어를 받는 대상이 된다. '간접보어'나 '간접목적어'라고 하는데, 본서에서는 '간접목적어'라는 용어를 사용한다.

- Voy a decir la verdad **a Juan**.
  나는 후안에게 사실을 말할 것이다.
- Ella confió un secreto **a Ramón**.
  그녀는 라몬에게 비밀을 털어놓았다.
- El profesor da un libro **al estudiante**.
  교수는 학생에게 책을 준다.

(3) 상황보어: 상황보어는 동사의 행위가 어떤 상황(장소, 시간, 방법, 정도 등)에서 발생하고 전개되는 지를 가리키는 문장의 요소이다.

- Venimos **de Madrid**.
  우리는 마드리드에서 왔다.
- El tren sale **a las tres**.
  기차는 3시에 출발한다.
- He hablado **en voz baja**.
  나는 낮은 목소리로 말했다.
- Lo venden **por el mismo precio**.
  그들은 그것을 같은 값에 판매한다.

- Barcelona está **a diez kilómetros**.
  바르셀로나는 10킬로 거리에 있다.
- Vamos a dar un paseo **por el parque**.
  우리는 공원으로 산책을 가려고 한다.

1.3 성 · 수의 일치(concordancia)

성 · 수의 일치는 문장 안에서 구성요소 사이에 내적인 관계를 갖는 매개체를 전제로 한다. 일치는 문법적 사건 혹은 문법적 범주의 동일화를 말한다. 스페인어의 일치에는 '명사와 형용사의 일치'와 '주어와 동사의 일치'가 있다.

1.3.1. 명사와 형용사의 일치

(1) 명사와 형용사는 성(género)과 수(número)에서 일치한다.

- niño **alto** 키가 큰 남자 아이
- niña **alta** 키가 큰 여자 아이
- niños **altos** 키가 큰 남자 아이들
- niñas **altas** 키가 큰 여자 아이들

(2) 명사가 남성과 여성으로 구성되어 있는 경우에 형용사는 남성 복수 형태를 취한다.

- El niño y la niña son **altos**.
  그 남자아이와 여자아이는 키가 크다.
- Mis padres son muy **sensatos**.
  나의 부모님은 매우 현명하시다.
- Mis compañeros son muy **simpáticos**.
  나의 동료들은 매우 상냥하다.

(3) **alteza**, **excelencia**, **majestad**, **merced**, **señoría** 등과 같은 직위와 존칭의 여성명사가 남성에게 적용되는 경우에, 형용사는 남성 형태가 된다.

- Su señoría es bondadoso. 귀하는 친절하십니다.
- Su excelencia es magnánimo. 각하는 관대하십니다.

(4) 복수 형태의 명사가 둘 이상의 형용사와 연결되는 경우에 형용사는 단수 형태를 취한다.

- Los premios segundo, tercero y quinto han quedado desiertos.
  2등, 3등, 5등상은 적격자가 없다.

(5) [형용사+명사(1)+y+명사(2)]: 형용사가 두 개 이상의 명사 앞에 위치할 경우에, 형용사는 첫 번째 명사에 성·수를 일치시키는 것이 일반적이다.

- su extraordinaria bondad y valor
  그의 특별한 친절과 용기
- tu asombrosa inteligencia y amor al trabajo
  너의 놀라운 지성과 일에 대한 애정
- el estupendo concierto y comida que nos dieron
  우리에게 베풀어준 훌륭한 연주회와 식사

(6) [명사(1)+y+명사(2)+형용사(복수)]: 형용사가 두 개의 명사 뒤에 위치할 경우에 형용사는 복수 형태가 된다. 두 개의 명사가 모두 여성일 때는 여성 복수 형태를 취하고 그 외의 경우는 남성 복수 형태를 취한다.

- vacas y ovejas importadas 수입된 암소들과 양들
- el jardín y la casa abandonados 방치된 정원과 집
- médicos y enfermeras extranjeros 외국인 의사들과 간호사들

(7) [명사(1)+y+명사(2)+형용사(단수)]: 두 개의 명사 뒤에 오는 형용사가 단수인 경우는 형용사가 뒤쪽의 명사만 수식하는 것이다.

- Los soldados mostraron audacia y valor indomable.
  병사들은 대담함과 불굴의 용기를 보여주었다.

(8) 복합형용사의 경우에는 두 번째 형용사가 명사에 일치한다.

- la guerra ruso-japonesa 러시아-일본 전쟁
- la cumbre italo-rusa 이탈리아-러시아 정상회담
- la pareja americo-rusa 미국-러시아 커플
- la alianza franco-rusa 프랑스-러시아 동맹

1.3.2. 주어와 동사의 일치

(1) 동사는 수와 인칭에서 주어와 일치한다.

- Yo trabajo ocho horas al día. 나는 하루에 8시간 일한다.
- Ella trabaja en el centro comercial. 그녀는 쇼핑몰에서 일한다.
- Ellos trabajan un día sí y otro no. 그들은 격일제로 근무한다.

(2) 주어가 둘 이상인 경우에 동사는 복수가 된다.

- Juan y Julia se han marchado. 후안과 훌리아는 떠났다.
- Ana, Sara y Juan son amables. 아나, 사라, 후안은 상냥하다.

(3) 주어가 다수이며 여러 인칭과 성을 가진 경우에, 동사는 복수가 되고, 1・2인칭이 합쳐지면 1인칭 복수가 된다. 2인칭보다는 1인칭을, 여성보다는 남성을 취하는 경향이 있다.

- Tú y yo vamos a salir a las seis.
  너와 나는 6시에 출발할 것이다.
- Alfonso y Luisa estaban muy satisfechos.
  알폰소와 루이사는 매우 만족하였다.
- Felipe, Ana y yo hemos pasado las vacaciones en Madrid.
  펠리뻬, 아나, 그리고 나는 마드리드에서 휴가를 보냈다.

(4) 주어가 단수 집합 명사인 경우에, 문법적 일치에 의하여 동사는 단수가 된다.

- Nuestro pueblo es independiente.
  우리 국민은 독립심이 강하다.
- El rebaño iba lentamente por el camino.
  목축 떼가 천천히 길을 가고 있었다.
- La gente bailaba alegremente en la plaza.
  사람들이 광장에서 즐겁게 춤을 추고 있었다.

그러나 의미에 따라서 동사가 복수 형태를 취하기도 한다.

- La mayoría de los soldados han muerto.
  대부분의 병사들은 죽었다.
- Corrían por las calles una multitud de hombres despavoridos.
  겁에 질린 사람들이 거리를 뛰어다니곤 했다.

(5) 주어가 여러 동의어로 나열되어있는 경우에 동사는 단수가 된다. 주어가 형태는 복수이지만 단일 개념을 나타내기 때문이다.

- Su espíritu y su nobleza le igualó con los artistas famosos.
  그의 정신과 그의 숭고함 때문에 그는 유명한 예술가와 견줄 만 했다.

(6) 둘 이상의 부정사가 주어일 경우에 동사는 단수가 된다. 이것은 부정사를 중성으로 보기 때문이다. 그러나 이 부정사에 관사가 동반되면 명사에 상응하기 때문에 동사는 복수가 된다.

- Me gusta cantar y bailar.
  나는 노래하고 춤추기를 좋아한다.
- Ir, volver, entrar y salir era su quehacer.
  가고 오고 들어가고 나오고 하는 것이 그의 할 일이었다.

- Mentir y engañar es indigno de todo hombre decente.
- El mentir y el engañar son indignos de todo hombre decente.
  거짓말하는 것과 속이는 것은 품위 있는 사람들에게는 가치 없는 것이다.

그러나 관사가 없는 경우에도 두 개 이상의 부정사가 그 내용이 상반되는 경우에는 복수로 취급한다.

- Holgazanear y aprender son incompatibles.
  게으름 피우는 것과 배우는 것은 서로 양립할 수 없다.

결국 둘 이상의 부정사가 주어가 되는 경우에는 동사가 단수·복수 모두 가능하다고 볼 수 있다.

- Mentir y engañar **es** indigno de todo hombre decente.
- Mentir y engañar **son** indignos de todo hombre decente.
- El mentir y el engañar **son** indignos de todo hombre decente.

(7) 중성은 성・수를 초월한다.

- ¿Qué es esto? -Esto es un coche.
  이것은 무엇입니까? 그것은 자동차입니다.
- ¿Qué es esto? -Esto son unas manzanas.
  이것은 무엇입니까? 그것은 사과입니다.

- ¿Qué es aquello? -Aquello es una casa.
  저것은 무엇입니까? 저것은 집입니다.
- ¿Qué es aquello? -Aquello son unos árboles.
  저것은 무엇입니까? 저것은 나무입니다.

(8) 주어가 둘 이상이고 동사가 문장의 앞에 나오는 경우에, 동사는 제일 가까운 주어에 일치하여 단수 형태를 취한다.

- Uníase en ese estudiante la voluntad y el entusiasmo.
  그 학생에게는 의지와 열정이 함께 있었다.

1.4 직설법과 접속법

1.4.1. 직설법

1 현재: canto

(1) 진리: 시간을 초월한 보편적이거나 불변의 진리, 그리고 어떤 현상의 정의를 표현하는 경우에 사용된다.

- Los pájaros **cantan**.
  새들은 지저귄다.

- Tres más dos **son** cinco.
  3 더하기 2는 5다.
- La tierra **gira** alrededor del sol.
  지구는 태양의 주위를 돈다.
- El sol **sale** por el este, y **se pone** por el oeste.
  태양은 동쪽에서 뜨고 서쪽으로 진다.

(2) 습관적인 행위나 현재 지속되는 행위를 표현하는데 사용된다.

- Me **gusta** la comida italiana.
  나는 이탈리아 음식을 좋아한다.
- Todos los días **voy** a la biblioteca.
  나는 매일 도서관에 간다.
- **Me levanto** a las seis y media de la mañana.
  나는 아침 6시 반에 일어난다.
- Hace días que María no **viene** a clase.
  며칠째 마리아가 수업에 오지 않는다.

- **Vivo** en Madrid desde hace cinco años.
- Hace cinco años que **vivo** en Madrid.
  나는 5년 전부터 마드리드에 살고 있다.

- **Vivo** en Madrid desde el año 2005.
  나는 2005년부터 마드리드에 살고 있다. (현재 살고 있다)
- **He vivido** en Madrid desde el año 2005.
  나는 2005년부터 마드리드에 살았었다. (현재는 다른 곳에 살고 있다)

(3) 현재 진행되고 있는 행위: 현재진행형 **[estar+현재분사]**의 문형이 있지만, 현재시제를 더 많이 사용한다.

- ¿Qué haces? -**Leo** el periódico. (leo = estoy leyendo)
  무엇을 하고 있니? 나는 신문을 읽고 있어.
- ¿Qué haces? -**Estudio** esto para mañana.
  무엇을 하고 있니? 내일을 위하여 이것을 공부하고 있어.
- ¿Adónde vas? -**Voy** a Correos a mandar este paquete.
  어디 가니? 이 소포를 부치러 우체국에 가는 거야.
- ¿Qué piensas? -Nada. No **sé** qué hacer.
  무엇을 생각하니? 아무것도 아니야. 나는 무엇을 해야 할지 모르겠어.

이런 경우에 현재시제는 다음과 같은 문형으로 대체되기도 한다.

- **Estudio** esto para mañana.
- **Estoy estudiando** esto para mañana.
- **Estudiando** esto para mañana.
- **Aquí, estudiando** esto para mañana.
  나는 내일을 위하여 이것을 공부하고 있다.

(4) 미래의 행위: 현재시제가 미래를 나타내는 요소 **luego, mañana, ahora, ahora mismo, enseguida, esta tarde, esta noche, esta mañana, el fin de semana, el lunes que viene** 등과 함께 미래의 행위를 표현한다.

- Las próximas vacaciones **nos vamos** a Hawaii.
  우리는 다음 휴가에 하와이로 갈 거야.
- De acuerdo, esta noche **nos vemos** y **charlamos** un rato.
  알았어. 오늘 밤 만나서 잠시 얘기 좀 하자.
- En ese caso **te llamo** el lunes y **quedamos** en lo que sea.
  그러면 내가 월요일에 전화를 할 테니, 우리 어디서든 만나자.

그러나 교양어에서는 현재시제와 미래시제를 구분하여, 현재를 언급하는 경우에는 현제시제를, 미래를 언급하는 경우에는 미래시제를 사용한다.

(5) 역사적 현재: 시간을 나타내는 요소가 분명하게 나타난 문맥에서, 과거에 대하여 언급할 때 직설법 현재가 사용된다. 과거의 사실을 다시 창조하여 생생하게 표현하기 위하여 사용되는 것이다.

- Cristobal Colón **descubre** América en 1492.
  콜럼버스는 1492년에 아메리카 대륙을 발견한다(발견하였다).
- Cervantes **nace** en Alcalá de Henares.
  세르반테스는 알깔라 데 에나레스에서 태어난다(태어났다).
- Hace unos días **salgo** de casa y **me encuentro** con Luis.
  나는 며칠 전에 집을 나와서 루이스를 만났다(만난다).

(6) 명령 · 권고 · 부탁: 구어체언어에서 현재시제가 명령 · 권고 · 부탁을 표현하는 경우가 많다.

- Ahora **te callas** y **te comes** la sopa.
  이제 입 다물고 수프나 먹어라.
- **Vas** a la tienda y me **traes** una botella de cerveza.
  너는 가게에 가서 나에게 맥주 한 병을 가져와라.
- **Subes** al despacho y me **traes** el libro que tengo en la mesa.
  사무실에 가서 내 책상에 있는 책을 가져다주게.
- Cuando llegues a Madrid, **entras** en una cabina telefónica y me **llamas**.
  마드리드에 도착하면 공중전화박스로 들어가서 나에게 전화를 해줘.

2 부정과거: canté-comí

(1) 부정과거는 과거의 어느 순간에 발생한 사건을 표현한다.

- **Nació** en el año 1986. 그는 1986년에 태어났다.
- **Abrí** la puerta para salir. 나는 나가려고 문을 열었다.
- Luis me **llamó** por teléfono. 루이스가 나에게 전화를 했다.
- Se me **ocurrió** una buena idea. 좋은 생각이 떠올랐다.
- Ella me **dio** un vaso de agua. 그녀는 나에게 물 한 컵을 주었다.

(2) 부정과거는 과거의 한정된 시간, 즉 시작과 끝이 있는 행위·사건을 나타낸다.

- **Estuve** enfermo dos meses. 나는 두 달 동안 아팠다.
- **Viví** dos años en México. 나는 멕시코에서 2년 살았다.
- **Estuve** en Madrid en 2007. 나는 2007년 마드리드에 있었다.
- **Tuve** que estudiar dos horas. 나는 두 시간 동안 공부해야 했다.
- **Pasé** un año en Barcelona. 나는 바르셀로나에서 1년을 보냈다.
- **Durmió** solamente cuatro horas. 그는 오직 네 시간 잠을 잤다.
- **Estuvimos** de vacaciones en agosto. 우리는 8월에 휴가 중이었다.

(3) 과거에 반복된 행동이지만 반복된 횟수가 확실한 경우에는 부정과거를 사용한다.

- **Jugó** en dos partidos de fútbol.
  그는 축구시합에 두 번 나갔다.
- Casi todas las mañanas me levantaba tarde: por lo menos cinco días **llegué** tarde a la clase.
  거의 매일아침 늦게 일어났었다. 최소한 5일은 지각했다.

3 불완료과거: cantaba-comía

(1) 불완료과거는 과거에 반복된 행동이나 과거의 습관적인 행동을 나타낸다.

- Por la noche **veía** la televisión.
  나는 밤에 TV를 보곤 했다.
- Antes yo **bebía** y **fumaba** mucho.
  나는 전에 술과 담배를 많이 했었다.
- Las clases **comenzaban** a las nueve.
  수업은 9시에 시작하곤 했다.
- Antes **íbamos** a la montaña a menudo.
  전에 우리는 자주 산에 가곤 했다.
- Cuando **vivía** en Madrid, **me acostaba** muy tarde.
  내가 마드리드에 살았을 때, 매우 늦게 잠자리에 들곤 했다.

(2) 불완료과거는 시간이 길건 짧건 간에, 과거에 지속된 행동을 나타낸다.

- Cuando yo tenía 10 años, **vivía** en Busan.
  내가 열 살이었을 때, 나는 부산에 살고 있었다.
- Cuando **salía** esta mañana de casa, cayó algo del tejado y le dio en la cabeza.
  그가 오늘 아침 집을 나설 때, 천정에서 뭔가 떨어져 그의 머리에 맞았다.

(3) 불완료과거는 과거 상황을 묘사・설명하는데 사용된다.

- Ayer vi a Elena. **Llevaba** una chaqueta blanca y **parecía** triste.
  나는 어제 엘레나를 만났다. 그녀는 하얀 재킷을 입고 있었고 우울해 보였다.
- **Era** una noche de invierno. **Hacía** mucho frío y nevaba mucho.
  어느 겨울밤이었다. 날씨는 매우 추웠고 눈이 많이 오고 있었다.

- Aquella mañana llegamos a una casa de las afueras de la ciudad. La casa **tenía** un aspecto extraño: **era** muy vieja, las ventanas **se movían** con el aire y la puerta **estaba** abierta.
  그날 아침 우리는 도시 외곽의 어느 집에 도착했다. 그 집은 모양이 이상했다. 매우 낡았고 창문은 바람에 움직였고 문은 열려 있었다.

(4) 과거의 시간과 나이를 표현하는 경우에 불완료과거가 사용된다. 이 경우에 부정과거는 사용되지 않는다.

- Son las cinco. 5시이다.
- **Eran** las cinco. 5시였다.

- **Era** la Nochebuena.
  크리스마스이브였다.
- **Eran** las doce cuando llegué.
  내가 도착했을 때는 12시였다.
- Juan vivía en Madrid cuando yo **tenía** diez años.
  내가 열 살이었을 때 후안은 마드리드에 살고 있었다.
- Mi abuelo murió cuando yo **tenía** veinticuatro años.
  내가 24살이었을 때 할아버지께서 돌아가셨다.

(5) 불완료과거는 '과거에서 본 현재'를 표현한다.

- Dicen que Ana **es** muy guapa.
  사람들은 아나가 매우 예쁘다고 말한다.
- Dijeron que Ana **era** muy guapa.
  사람들은 아나가 매우 예쁘다고 말했다.

- No quiero pararme porque **tengo** mucha prisa.
  나는 매우 바빠서 멈추고 싶지 않다.

- No quise pararme porque **tenía** mucha prisa.
  나는 (그 당시) 매우 바빠서 멈추고 싶지 않았다.

(6) 불완료과거는 '과거에서 본 미래'를 표현한다. 이 경우에는 가능(조건)시제도 사용된다.

- Me dijo que **venía** hoy.
- Me dijo que **vendría** hoy.
  그는 나에게 오늘 오겠다고 말했다.

- Me dijo que **llegaba** con retraso.
- Me dijo que **llegaría** con retraso.
  그는 나에게 늦게 도착하겠다고 말했다.

- Me dijo que al día siguiente **salía** para Madrid.
- Me dijo que al día siguiente **saldría** para Madrid.
  그는 나에게 그 다음날 마드리드로 떠나겠다고 말했다.

- Mi padre prometió que me **compraba** un coche.
- Mi padre prometió que me **compraría** un coche.
  아버지는 나에게 차를 사주시겠다고 약속하셨다.

(7) 과거에 시작되어 끝나지 않은 행동이나, 과거에 반복된 행위를 표현한다. 과거에 행동이 완료된 경우에는 부정과거를 사용한다.

- Hacía lo que quería. 그는 원했던 것을 하곤 했다.
- Hizo lo que quiso. 그는 원했던 것을 했다.

- Yo **estaba** en la estación a la una.
  나는 1시에 기차역에 있었다. (그 후에는 모른다.)
- Yo **estuve** en la estación a la una.
  나는 1시에 기차역에 있었다. (그 후에는 거기 없었다.)

(8) 옛날이야기를 하는 경우에 불완료과거를 사용하지만, 부정과거도 사용된다.

- **Era** una noche de mayo de 2000. Habían salido a la calle.
- **Fue** una noche de mayo de 2000. Habían salido a la calle.
  2000년 5월의 어느 날 밤이었다. 그들은 거리로 나갔습니다.

- **Había** una vez un rey que tenía dos hijas.
- **Hubo** una vez un rey que tenía dos hijas.
  옛날에 두 딸을 둔 왕이 살고 있었습니다.

(9) 불완료과거는 완곡 표현의 기능을 갖고 있다.

- **Quiero** pedirle una carta de recomendación.
  당신께 추천서 한 통을 부탁합니다.
- **Quería** pedirle una carta de recomendación.
  당신께 추천서 한통을 (간절히) 부탁드립니다.

- **Quiero** que lo veas inmediatamente.
  나는 네가 즉시 그것을 보기 바란다.
- **Quería** que lo viera usted cuanto antes.
  저는 당신께서 가능하면 빨리 그것을 보시기 바랍니다.

4 미래: cantaré

(1) 객관적인 관점에서 미래의 사건 · 행위를 표현한다.

- Algun día **será** famoso.
  그는 언젠가 유명해질 것입니다.
- Mañana **hablaré** con el rector.
  내일 나는 총장과 얘기할 겁니다.
- Creo que **llegaré** hacia las once.
  저는 11시쯤에 도착할 것 같아요.
- Esta tarde **habrá** mucho tráfico en el centro.
  오늘 오후 시내에는 교통량이 많을 것입니다.
- Esta noche **comeremos** en el restaurante italiano.
  오늘밤 우리는 이탈리아 레스토랑에서 식사를 할 겁니다.

구어체 언어에서 미래시제는 현재시제, 혹은 **[ir a+부정사]**의 문형으로 대체되기도 한다.

- Ha salido un momento, pero **volverá** enseguida.
- Ha salido un momento, pero **vuelve** enseguida.
- Ha salido un momento, pero **va a volver** enseguida.
  그는 잠시 나갔습니다. 곧 돌아올 겁니다.

(2) 현재의 상황을 추측하는데 직설법 미래가 사용된다. 문장에는 시간을 표현하는 요소가 있을 수도 있고 없을 수도 있다.

- **Pesará** (unos) cien gramos. 약 100그램 쯤 될 거예요.
- **Estará** en casa, no sé. 저는 잘 모르지만, 그는 집에 있을 거예요.

- **Serán** las diez. 아마 10시쯤 되었을 겁니다.
- Probablemente **son** las diez.

(3) 미래시제는 놀라움을 나타낸다.

- ¡**Será** posible!
  이런 일이 가능할까?
- ¡**Será** posible lo que me cuentas!
  네가 말하는 것이 도대체 가능할까?
- ¡Qué desvergonzado **será** ese tipo!
  그 녀석은 얼마나 뻔뻔스러운지!

(4) 미래시제는 명령을 표현하기도 한다.

- No **matarás**. 살생하지 말지어다.
- No **saldrás** esta noche. 오늘 밤에는 나가지 마라.
- **Saldrás** inmediatamente para Madrid. 즉시 마드리드로 떠나라.

5 가능(조건): cantaría

(1) 과거에서 본 미래를 표현한다.

- Me dijo que **vendría** hoy.
  그는 나에게 오늘 오겠다고 말했다.
- Me dijo que **vendría** el próximo domingo.
  그는 나에게 다음 주 일요일에 오겠다고 말했다.
- Me dijo el lunes pasado que **vendría** ayer.
  지난 월요일에 그는 나에게 어제 오겠다고 말했다.

과거에 관련된 미래는 다음과 같이 표현할 수 있다.

- Me dijo que venía/vendría **mañana**. 그는 내일 온다고 말했다.
- Me dijo que venía/vendría **hoy**. 그는 오늘 온다고 말했다.
- Me dijo que venía/vendría **ayer**. 그는 어제 온다고 말했다.

(2) 과거의 내용을 추측하는데 사용된다.

- Esto **sucedería** (más o menos) en octubre de 2005.
  이것은 아마도 2005년 10월경에 발생했을 것이다.
- **Serían** (aproximadamente) las nueve cuando llegó.
  그가 도착한 때는 아마 9시쯤이었을 것이다.

- No quiso salir. **Tendría** mucho trabajo.
- No quiso salir. Probablemente **tenía** mucho trabajo.
  그는 나가고 싶지 않았다. 아마 할 일이 많았을 거야.

(3) 가정적인 미래의 행위를 표현한다.

- Sé que **harías** cualquier cosa por mí.
  네가 나를 위하여 무엇이든 할 것이라는 것을 나는 알고 있어.
- ¡Cuánto lo siento! Me **encantaría** ir contigo, pero tengo que estar con ella.
  정말 미안하다! 나도 너와 가면 좋겠어. 그러나 나는 그녀와 있어야 해.

(4) 정중한 표현에 가능시제가 사용된다.

- Me **gustaría** verle otra vez.
  그를 한 번 더 만나봤으면.
- Me **gustaría** discutirlo un momento con usted.
  잠시 당신과 그것을 토론해보고 싶습니다만.
- Me **gustaría** que me explicara de nuevo este asunto.
  저는 당신께서 이 일에 대하여 다시 설명해주셨으면 합니다.

6 현재완료: he cantado

(1) 현재완료와 부정과거 둘 다 과거에 완료된 행위를 말하지만, 가까운 과거에는 현재완료, 먼 과거에는 부정과거를 사용한다.

- **He escrito** una carta. (Acabo de escribir una carta.)
  나는 (방금) 편지 한 통을 썼다.
- **Escribí** una carta.
  나는 편지를 썼다. (부정과거: 좀 더 먼 과거)

- **He estado** en Roma en un curso de italiano para extranjeros.
  저는 로마에서 외국인을 위한 이탈리아어 과정에 있었어요.
- También yo, cuando era joven, **estuve** en Roma en el curso.
  저 역시 젊었을 때, 로마에서 그 과정에 있었어요.

(2) 화자의 입장에서 아직 끝나지 않은 하나의 시간 단위 내에서 행위가 완료된 경우를 말하며, **ahora, hoy, esta mañana, en estos últimos días, esta semana, este mes, este año, este siglo** 등과 함께 사용된다. 또한 시간적으로 오래 전의 과거에 일어난 행위자일지라도 화자의 '심리적 현재(presente psicológico)'에 연결되어 현재완료로 표현하는 것이다.

- Hoy **hemos ido** al mercado. 오늘 우리는 시장에 갔었다.
- Ayer **fuimos** al mercado. 어제 우리는 시장에 갔었다.

- Esta semana **he estudiado** poco. 금주에 나는 별로 공부하지 않았다.
- La semana pasada **estudié** mucho. 지난주에 나는 열심히 공부했다.

- Hoy **ha sido** un día estupendo. 오늘은 정말 좋은 날이었다.
- Este año **ha habido** buena cosecha. 올해는 수확이 좋았다.
- Este verano **ha hecho** mucho calor. 이번 여름은 매우 더웠다.
- Esta mañana **he ido** al mercado. 오늘 아침 나는 시장에 갔었다.
- Esta mañana **ha llegado** a Barcelona el Presidente.
  오늘 아침 대통령이 바르셀로나에 도착하였다.
- Este año no **hemos podido** estudiar alemán por la tarde.
  금년에 우리는 독일어를 오후에 공부할 수 없었다.
- Ayer estudié mucho, pero hoy no **he podido** hacer nada.
  어제 나는 공부를 많이 했는데, 오늘은 아무 것도 할 수 없었다.

이 표현은 모든 것을 과거의 것으로 간주할 수 없다는 것을 나타내기도 한다. 왜냐하면, 그런 일이 더 발생할지 알 수 없기 때문이다. 이렇게 아직 끝나지 않은 시간의 한 단위와 함께 현재완료를 사용하는 것이 일반적인 문형이다.

- Este mes todavía no **hemos ido** al cine.
  이 달에 우리는 아직 극장에 가지 않았다.
- No **he tenido** tiempo de preparar la comida.
  나는 음식을 준비할 시간이 없었다.

현재완료는 주로 **todavía, ya, aún, nunca, jamás, siempre** 등과 함께 사용된다.

- Ya **he visitado** el museo del Prado.
  나는 이미 쁘라도 박물관을 방문했다.
- Siempre **he sido** fiel a mí mismo.
  나는 항상 나 자신에게 충실했다.
- Jamás **he conocido** a una persona tan extraña.
  나는 그렇게 이상한 사람을 결코 알지 못했다.

7 과거완료: **había cantado**

과거의 어느 시점을 기준으로 그 이전에 발생한 행위를 표현한다.

- A las doce ya **había terminado** todo.
  12시에는 이미 모두 끝났다.
- Cuando llegué, **habían retirado** ya a los heridos.
  내가 도착해보니, 부상자를 이미 옮겼다.
- Cuando tú llegaste, ya **había nevado** mucho.
  네가 도착했을 때, 이미 눈이 많이 왔다.
- Me comentaron que se **había mudado**.
  그들은 나에게 그가 이미 이사 갔다고 말했다.
- Cuando llegamos a la exposición ya **habían cerrado**.
  우리가 전시회에 도착했을 때 이미 문을 닫았다.

8 미래완료: **habré cantado**

(1) 미래의 어느 시점을 기준으로 그 이전에 완료되었으리라고 추정되는 행위를 표현한다.

- Antes de las doce **habrá terminado** todo.
  12시전에는 모두 끝날 거야.
- Cuando volvamos ya **se habrán marchado** los invitados.
  우리가 돌아가면 손님들은 이미 떠나셨을 거야.

- Cuando vuelvas a casa, **comeremos** juntos. [미래]
  네가 집에 돌아오면, 같이 식사할 것이다.
- Cuando vuelvas a casa, ya **habremos comido**. [미래완료]
  네가 집에 돌아오면, 우리는 이미 식사를 끝냈을 것이다.

(2) 가까운 과거의 사건, 즉 현재완료의 내용을 추측한다.

- **Ha perdido** el tren. [현재완료] 그는 기차를 놓쳤다.
- **Habrá perdido** el tren. [미래완료] 그는 기차를 놓쳤을 거야.

- Probablemente ya **ha salido** hacia aquí. [현재완료]
- Ya **habrá salido** hacia aquí. [미래완료]
  아마 그는 이미 이곳으로 출발했을 거야.

9 가능(조건)완료: habría cantado

(1) 직설법 가능완료는 '과거에서 본 미래완료'라고 할 수 있다. 즉 과거에 있어서, 다른 미래의 시점 이전에 발생한 행위를 표현한나.

- Me dijeron que ya **habrían salido** por la noche.
  그들은 밤이 되면 이미 출발했을 것이라고 나에게 말했다.
- Me dijeron que **saldrían** por la noche.
  그들은 밤에 출발할 것이라고 나에게 말했다.

(2) 과거완료의 추측을 표현한다.

- Creía que **habías llegado** a Madrid.
  고나는 네가 마드리드에 도착했다 믿고 있었다.
- Pensé que ya **habrías llegado** a Madrid.
  나는 네가 벌써 마드리드에 도착했을 것이라고 생각했다.

- Supuse que probablemente lo **habías comprendido**.
- Supuse que lo **habrías comprendido**.
  나는 아마 네가 그것을 이해했을 것이라고 추측했다.

- Cuando llegaste anoche ya **habían cerrado** la tienda.
  어젯밤 네가 도착했을 때 이미 가게가 문을 닫았다.
- Cuando llegaste anoche ya **habrían cerrado** la tienda, ¿no?
  어젯밤 네가 도착했을 때 이미 가게가 문을 닫았을 거야. 그렇지?

(3) 과거에 실현되지 못한 행동, 과거의 가정을 표현한다.

- Te **habría llamado**, pero no tenía tu teléfono.
  너에게 전화를 했을 텐데. 네 전화번호를 갖고 있지 않았어.
  (네 전화번호를 갖고 있었다면 전화를 했을 텐데, 결국 못했다.)

- Mi hijo **habría venido** a cenar, pero no lo avisamos.
  내 아들이 식사하러 왔을 텐데, 그에게 알리지 않았어.
  (내 아들에게 알렸다면 식사하러 왔을 텐데, 오지 못했다.)

- No lo **habría(hubeira) hecho** sin tu ayuda.
  네 도움이 없었다면 그것을 하지 못했을 텐데.

(4) 미래시제와 가능시제의 비교

- A las diez **llegarán**. [미래]
  10시에 도착할 것이다.
- A las diez ya **habrán llegado**. [미래완료]
  10시에는 이미 도착했을 것이다.

- Dijeron que **llegarían** a las diez. [가능]
  10시에 도착할 것이라고 말했다.
- Dijeron que a las diez ya **habrían llegado**. [가능완료]
  10시에 도착했을 것이라고 말했다.

직설법 시제의 실제와 추측

	실제	추측
현재	현재: Canto	미래: Cantaré
	- Son las tres. 3시이다. - Tiene 18 años. 그는 18세이다. - Está en casa. 그는 집에 있다.	- Serán las tres. 3시일 거다. - Tendrá 18 años. 그는 18세일 거다. - Estará en casa. 그는 집에 있을 거다.
인접 과거	현재완료: He cantado	미래완료: Habré cantado
	- Ya ha llegado José. 호세는 이미 도착했다.	- Ya habrá llegado José. 호세는 이미 도착했을 거다.
먼 과거	과거: Canté/Cantaba	가능: Cantaría
	- Eran las tres. 3시였다. - Salí a las tres. 나는 3시에 나왔다. - Estaban todos allí. 그들 모두 거기에 있었다.	- Serían las tres. 3시쯤이었을 거다. - Saldría sobre las tres. 나는 3시쯤 나왔을 거다. - Estarían todos allí. 그들 모두 거기에 있었을 거다.
이전 과거	과거완료: Había cantado	가능완료: Habría cantado
	- Me dijeron que ya había llegado a Madrid. 그가 마드리드에 도착했다고 그들은 말했다.	- Pensé que ya habría llegado a Madrid. 그가 마드리드에 도착했을 거라고 나는 생각했다.

1.4.2. 접속법

1 접속법 현재: cante

(1) 직설법에서는 현재시제와 미래시제로 구분되어 사용되지만, 접속법에서는 현재시제 하나로 통합되어 현재시제가 '현재'와 '미래'를 모두 가리킨다.

- No creo que **venga** hoy. [현재]
  나는 그가 오늘 오리라 생각하지 않는다.
- No creo que **venga** mañana. [미래]
  나는 그가 내일 오리라 생각하지 않는다.

- Creo que esto **es** importante en este momento. [현재]
  나는 이 시점에는 이것이 중요하다고 생각한다.
- Creo que esto **será** importante en el futuro. [미래]
  나는 미래에는 이것이 중요할 것이라고 생각한다.

- No creo que esto **sea** importante en este momento. [현재]
  나는 이 시점에는 이것이 중요하지 않다고 생각한다.
- No creo que esto **sea** importante en el futuro. [미래]
  나는 미래에는 이것이 중요하지 않다고 생각한다.

- Ojalá (que) **esté** aquí ahora. [현재]
  지금 그가 여기 있으면 얼마나 좋을까.
- Ojalá (que) **esté** aquí mañana. [미래]
  내일 그가 여기 있으면 얼마나 좋을까.

(2) 접속법 현재는 직설법의 여러 시제와 함께 사용된다.

- Le **piden** que **vaya**.
  그들은 그에게 가라고 부탁한다.
- Le **han pedido** que **vaya**.
  그들은 그에게 가라고 부탁했다.
- Le **pedirán** que **vaya**.
  그들은 그에게 가라고 부탁할 것이다.
- **Pedidle** que **vaya**.
  너희들은 그에게 가라고 부탁해라.
- Le **habrán pedido** que **vaya**.
  그들은 그에게 가라고 부탁했을 것이다.
- Tal vez le **pidan** que **vaya**.
  아마 그들은 그에게 가라고 부탁할 것이다.
- Acaso le **hayan pedido** que **vaya**.
  아마 그들은 그에게 가라고 부탁했을 것이다.

2 접속법 과거: cantara/cantase

(1) 접속법 과거는 과거 · 현재 · 미래를 모두 가리킨다.

- ¿No vino ayer? Pues le dije que **viniera**. [과거]
  어제 그가 오지 않았어? 그에게 오라고 말했는데.
- ¿No está aquí? Yo le dije que **viniera**. [현재]
  그가 여기 없어? 그에게 오라고 말했는데.
- ¿Que no va a venir mañana? Pues le dije que **viniera**. [미래]
  그가 내일 오지 않을 것이라고? 그에게 오라고 말했는데.

(2) 접속법 과거 **cantara/cantase**는 직설법 불완료과거, 가능, 부정과거에 해당한다.

- Creo que **estuvo** aquí ayer.
  나는 어제 그가 여기 있었다고 믿는다.
- Creo que **estaba** allí en aquel momento.
  나는 그가 그때 거기 있었다고 믿는다.
- Creo que **estaría** mal.
  나는 그가 아팠을 것이라고 믿는다.

- No creo que **estuviera** aquí ayer.
  나는 어제 그가 여기 있었다고 믿지 않는다.
- No creo que **estuviera** allí en aquel momento.
  나는 그가 그때 거기 있었다고 믿지 않는다.
- No creo que **estuviera** mal.
  나는 그가 아팠을 것이라고 믿지 않는다.

- No creo que **actuara** como le indiqué. [과거]
  내가 지시한 대로 그가 행동했을 것이라 나는 믿지 않는다.
- Me gustaría que **vinieras**. [미래]
  나는 네가 오면 좋겠다.
- Me encantaría que ella **estuviera** aquí. [현재]
  나는 (지금) 그녀가 여기 있으면 좋을 텐데.

(3) **[que+접속법]**의 형태로 희망을 표현하기도 한다.

- ¡**Que** viniera esta noche!
  그가 오늘 밤 오면 좋겠는데!
- ¡**Que** todo fuera tan fácil!
  모든 것이 그토록 쉽다면 좋으련만!
- ¡**Que** yo supiera lo que él sabe!
  그가 알고 있는 것을 내가 알면 좋으련만!

(4) 접속법 과거시제는 직설법의 여러 시제와 함께 사용된다.

- Le **pidieron** que **fuera**.
  그들은 그에게 가라고 부탁했다.
- Le **pedían** que **fuera**.
  그들은 그에게 가라고 부탁하곤 했다.
- Le **habían pedido** que **fuera**.
  그들은 그에게 가라고 부탁했었다.
- Le **pedirían** que **fuera**.
  그들은 그에게 가라고 부탁했을 것이다.
- Tal vez le **pidieran** que **fuera**.
  아마 그들은 그에게 가라고 부탁했을 텐데.
- Acaso le **hubieran pedido** que **fuera**.
  아마 그들은 그에게 가라고 부탁했을 것이다.

3 접속법 현재완료: haya cantado

종속문의 행위가 미래나 과거에 발생했으리라는 것에 대하여 현재에 부정하거나 유감, 기쁨 등의 감정을 표현할 때 사용된다. 이 시제는 직설법의 현재완료와 미래완료에 해당한다.

- Espero que lo **haya terminado** ya. [현재]
  나는 그가 그것을 이미 끝냈으면 좋겠다.
- Espero el próximo lunes lo **haya terminado**. [미래]
  다음 월요일에는 그가 그것을 끝냈으면 좋겠다.

(1) 현재완료를 언급: 이미 완료된 사실에 대한 부정, 의혹, 불확신, 기쁨, 유감 등을 표현한다.

- Creo que **ha llegado** ya. [직설법 현재완료]
  나는 그가 이미 도착했다고 생각한다.
- No creo que **haya llegado** ya. [접속법 현재완료]
  나는 그가 이미 도착했으리라고는 생각하지 않는다.

- Creo que lo **ha solucionado** esta mañana. [직설법 현재완료]
  나는 그가 오늘 아침에 그것을 해결했을 것이라고 생각한다.
- No creo que lo **haya solucionado** esta mañana. [접속법 현재완료]
  나는 그가 오늘 아침에 그것을 해결했을 것이라고는 생각하지 않는다.

- Me alegro de que **hayas llegado** a tiempo.
  네가 제 시간에 도착해서 난 기쁘다.
- Siento mucho que **te hayas marchado** de México.
  네가 멕시코를 떠나서 나는 매우 유감스럽다.
- Me encanta mucho que, por fin, lo **hayas hecho**.
  네가 결국 그것을 해내서 나는 너무 기쁘다.

(2) 미래완료를 언급: 미래의 어느 시점을 기준으로 완료되었으리라는 것에 대한 부정, 의구심, 불확신, 기쁨, 유감 등을 나타낸다.

- Creo que **habrá llegado** para mañana. [직설법 미래완료]
  나는 그가 내일이면 도착했을 것이라고 생각한다.
- No creo que **haya llegado** para mañana. [접속법 현재완료]
  나는 그가 내일이면 도착했을 것이라 생각하지 않는다.

- Creo que lo **habrá hecho** antes de las 7. [직설법 미래완료]
  나는 그가 7시 전까지 그것을 했을 것이라 생각한다.
- No creo que lo **haya hecho** antes de las 7. [접속법 현재완료]
  나는 그가 7시 전까지 그것을 했을 것이라고 생각하지 않는다.

(3) 접속법 현재완료시제는 직설법의 여러 시제와 함께 사용된다.

- Le **encanta** que **hayas venido**.
  네가 와서 그는 기쁘다.
- Le **encantará** que **hayas venido**.
  네가 와서 그는 기뻐할 것이다.
- Le **ha encantado** que **hayas venido**.
  네가 와서 그는 기뻤다.
- Le **habrá encantado** que **hayas venido**.
  네가 와서 그는 기뻤을 것이다.

4 접속법 과거완료: hubiera(hubiese) cantado

(1) 과거를 기준으로 과거에 완료: 종속절 동사의 행위가 주절 동사의 행위 이전에 완료되었으리라는 가능성에 대한 부정, 회의, 감정 등을 표현한다. 직설법 과거완료에 해당한다.

- Creí que **se había marchado** ya. [직설법 과거완료]
  나는 그가 이미 떠났다고 믿었다.
- No creí que **se hubiera marchado** ya. [접속법 과거완료]
  나는 그가 이미 떠났다고 믿지 않았다.

- Sabía que Luis **había ganado** el premio. [직설법 과거완료]
  나는 루이스가 상을 탔다는 것을 알고 있었다.
- No sabía que Luis **hubiera ganado** el premio. [접속법 과거완료]
  나는 루이스가 상을 탔다는 것을 모르고 있었다.

- Creía que **había tenido** éxito en su empresa. [직설법 과거완료]
  나는 그가 사업에서 성공했다고 믿고 있었다.

- No creía que **hubiera tenido** éxito en su empresa. [접속법 과거완료]
  나는 그가 사업에서 성공했다고는 믿지 않았었다.

- Me alegré de que, cuando llegué, ya lo **hubierais terminado**.
  내가 도착했을 때 너희들이 그것을 이미 끝냈기 때문에 나는 기뻤다.

(2) 과거를 기준으로 미래에 완료: 종속절 동사의 행위가 주절 동사의 행위 이후에 완료되었으리라는 가능성에 대한 부정, 회의, 감정 등을 표현한다. 직설법 가능완료에 해당한다.

- Creí que **se habría marchado** ya para entonces.
  나는 그가 그때까지는 이미 떠날 것이라고 믿었다.
- No creí que **se hubiera marchado** ya para entonces.
  나는 그가 그때까지는 떠날 것이라고는 믿지 않았다.

- Creía que **habría terminado** la tarea, cuando llegara.
  내가 도착할 때에는 그가 숙제를 다 끝내놨을 거라 생각했다.
- No creía que **hubiera terminado** la tarea, cuando llegara.
  내가 도착할 때에는 그가 숙제를 다 끝냈을 것이라고는 생각하지 못했다.

- Me gustaría que, cuando llegaran, ya lo hubieras terminado.
  그들이 도착할 때면, 너는 그것을 이미 끝냈으면 좋겠다.

(3) 과거의 행위에 대한 가정: 과거에 실제로 이루어지지 않았지만, '만약에 이루어졌다면'이라고 가정할 때 접속법 과거완료가 사용된다.

- No vino ayer. → Que hubiera venido ayer.
  그는 어제 오지 않았다. → 그가 어제 왔었더라면.

- No ha venido esta mañana. → Que hubiera venido esta mañana.
  그는 오늘 아침에 오지 않았다. → 그가 오늘 아침에 왔었더라면.
- ¡Que lo hubiera dicho!
  그가 그것을 말했더라면 좋았을 텐데!
- Si yo lo hubiera tenido, te lo habría dado.
  내가 그것을 갖고 있었다면, 그것을 너에게 주었을 텐데.

(4) 접속법 과거완료시제는 직설법의 여러 시제와 함께 사용된다.

- Me **gustó** que se lo **hubieras dado**.
  네가 그에게 그것을 줘서 나는 기뻤다.
- Me **gustaba** que se lo **hubieras dado**.
  네가 그에게 그것을 줘서 나는 기뻤었다.
- Me **gustaría** que se lo **hubieras dado**.
  네가 그에게 그것을 줬다면 나는 기쁠 텐데.

- Me **habría gustado** que se lo **hubieras dado**.
- Me **hubiera gustado** que se lo **hubieras dado**.
  네가 그것을 그에게 줬다면 나는 기뻤을 텐데.

NOTA

접속법 시제의 비교

Ojalá venga Elena. [현재 · 미래] 엘레나가 오면 좋겠다.
Ojalá viniera Elena. [현재 · 미래] (접속법 현재보다 가능성이 적음)
Ojalá haya venido Elena. [인접 과거] 엘레나가 왔으면 좋았을 텐데.
Ojalá hubiera venido Elena. [가능성은 없고 실현되지 않은 과거]

제2장 문장의 요소와 구조

2. 문장의 요소와 구조

2.1 문장의 요소와 기능

문장의 요소는 문장을 구성하는 각각의 단어를 말한다. 즉 관사, 명사, 형용사, 대명사, 동사, 부사, 전치사, 접속사 등을 말한다. 'La casa de mi amigo tiene grandes fuentes en el jardín(내 친구의 집은 정원에 커다란 분수를 갖고 있다)'이라는 문장을 구성하는 요소를 살펴보자.

La casa de mi amigo tiene grandes fuentes en el jardín.										
La	casa	de	mi	amigo	tiene	grandes	fuentes	en	el	jardín
관사	명사	전	소·형	명사	동사	형용사	명사	전	관사	명사

문장 요소의 기능이라는 것은 문장 요소들 사이에 설정되어 있는 관계를 말하며, 문장의 기본적인 구성요소가 서로 연결되어 있는 '문장의 단위'를 만든다.

La casa de mi amigo tiene grandes fuentes en el jardín.										
La	casa	de	mi	amigo	tiene	grandes	fuentes	en	el	jardín
명사		명사의 보어			동사	직접목적어		상황보어		
주어부					서술부					

문장의 요소에 대한 연구나 문장을 구성하는 단어의 분류에

대한 연구는 형태론에 해당한다. 이와는 달리, 구문적 기능에 대한 연구, 즉 문장 안에서 단어들이 담당하는 상이한 역할에 대한 연구는 구문론에 해당한다. 다음의 문장을 살펴보자.

- Felipe vende coches usados. 펠리뻬는 중고차를 팔고 있다.

이 문장은 네 요소로 구성되어 있다. 즉 Felipe(고유명사), vende(동사) coches(명사) usados(형용사)로 구성되어 있다. 그리고 동시에 네 요소 사이에 설정되어 있는 문장의 성분은 Felipe (주어), vende(동사), coches usados(직접목적어)이다. 때때로, 어떤 문장에서는 문장의 성분이 생략되는 경우가 있다.

- (Yo) Voy a tomar café. 나는 커피를 마실 것이다.
- (Yo) Iré a nadar al mar. 나는 수영하러 바다에 갈 것이다.

스페인어에서는 문장에서 주어가 자주 생략된다. 그러나 동사의 형태로 주어를 분명하게 알 수 있다.

2.2 문장의 구조: 주어와 서술어

주어(sujeto)는 주요 문장 성분의 하나로, 서술어(predicado)가 나타내는 동작이나 상태의 주체가 되는 말로, '만수가 운동을 한다'에서 '만수'가 주어가 된다.

주어부는 문장에서, 주어 단독으로 혹은 주어와 그에 딸린 부속 성분으로 이루어진 부분을 말한다. '몸이 약한 만수가 운동을 한다'에서 '몸이 약한 만수'가 주어부에 해당한다.

서술어는 한 문장에서 주어의 움직임, 상태, 성질 따위를 서술하는 말로, '만수가 운동을 한다'에서 '운동을 한다', '만수는 점잖다'에서 '점잖다', '만수는 학생이다'에서 '학생이다'가 이에 해당한다.

서술부는 서술어 단독으로, 혹은 목적어나 보어 또는 그들에 딸린 부속 성분을 통틀어 이르는 말로, '몸이 약한 만수가 체육관에서 운동을 한다'에서 '체육관에서 운동을 한다'가 이에 해당한다.

스페인어에서도 문장의 구조는 기본적으로 두 구성요소, 즉 주어부와 서술부로 구분된다.

Mi padre riega las flores del jardín. 나의 아버지는 정원의 꽃에 물을 주신다.	
Mi padre	riega las flores del jardín.
주어부	서술부

En el jardín crecen flores y árboles. 정원에는 꽃과 나무가 자란다.	
En el jardín crecen	flores y árboles
서술부	주어부

주어는 서술부가 나타내는 동작이나 상태의 주체가 되는 성분이다. 다음 문장에서 mi madre, los perros, el estudiante는 주어부에 해당한다.

- **Mi madre** está en casa. 나의 어머니는 집에 계신다.

- **Los perros** corren en la calle. 개들이 길에서 달린다.
- Estudia sin descanso **el estudiante**. 학생은 쉬지 않고 공부한다.

서술부는 문장에서 주어의 움직임, 상태, 성질 등을 나타낸다. 다음 문장에서 voy al cine mañana, riega las flores, crecen en mi jardín은 서술부에 해당한다.

- Yo **voy al cine mañana**. 나는 내일 영화관에 간다.
- El jardinero **riega las flores**. 정원사가 꽃에 물을 준다.
- **Crecen en el jardín** los pinos. 소나무들이 정원에서 자라고 있다.

따라서 일반적으로 문장은 주어부와 서술부, 두 부분으로 구성되어 있다.

- Delibes ha escrito muchas novelas. 델리베스는 많은 소설을 썼다.
  주어부 서술부
- Ellos han trabajado con ahínco. 그들은 열심히 일한다.
  주어부 서술부
- Se ha estropeado el teléfono público. 공중전화는 고장이 났다.
  서술부 주어부

그러나 주어부가 존재하지 않고 서술부만 존재하는 문장도 있다. 즉 서술부만으로 구성된 문장이 있다.

- Ayer llovió en Madrid. 어제 마드리드에는 비가 왔다.
  서술부
- Se ve a los niños en el jardín. 정원에 아이들이 보인다.
  서술부
- Había mucha gente en la plaza. 광장에는 사람들이 많이 있었다.
  서술부

또한 주어부와 서술부로 구성된 문장이 실제 사용에 있어서, 주어부, 서술부, 혹은 그 두 성분 모두 생략되는 경우가 있다.

- Mañana saldremos de vacaciones. (주어 Nosotros 생략)
  우리는 내일 휴가를 떠난다.
- A las dos, en la entrada. (Te espero yo가 생략)
  두시에 입구에서 너를 기다릴게.
- Ese. (Alcánzame ese bolígrafo, por favor에서 생략)
  그것을 (나에게 줘.)

이러한 생략은 스페인어에서 자주 발생하는 일반적인 현상이다. 특히 스페인어에서는 동사의 변화형태가 주어와 서술어의 관계를 명확하게 나타내기 때문에, 주어의 생략 현상이 자주 발생한다.

- Vino a las cinco. (Él 생략).
  그는 5시에 왔다.
- Ya no fumo. (Yo 생략)
  나는 이제 담배를 피우지 않는다.
- Bebemos cerveza sin alcohol. (Nosotoros 생략)
  우리는 무알콜 맥주를 마신다.

주어가 분명하지 않은 경우에는 주어를 생략하지 않는다. 그러나 때때로 주어가 분명하지 않은 경우에도 주어가 생략되는 경우가 있다.

- Juan y Ana se encontraron en la calle y dijo que estaba esperando desde las 2.
  후안과 아나가 거리에서 만났는데 2시부터 기다렸다고 말했다.

위의 문장에서 기다리다가 말한 사람이 누구인지 알 수가 없다. 이런 경우에는 앞뒤 문맥을 참고하여 무엇이 주어인지를 판단해야 한다.

때로는, 동사의 형태로 봐서 주어가 명확한 경우에도 주어를 사용하는 경우가 있다.

- **Vosotros** vinisteis ayer. 너희들은 어제 왔다.
- **Yo** voy a España. 나는 스페인에 간다.
- **Yo** lo sé todo. 나는 그것을 모두 알고 있다.

이렇게 주어가 필요하지 않은 경우에 주어를 사용되는 것은 대부분의 경우에 의미를 강조하기 위한 목적이나, 혹은 개인적 문체 때문이다. 주어의 존재는 행위자의 행동을 강조하거나 행위사의 능동적인 행위를 부각시키기 때문이다.

서술부를 생략하거나, 서술부를 구성하는 단어들을 생략하는 경우도 자주 볼 수 있다.

- Hoy, pollos. (comeremos 생략)
  오늘은 닭고기(를 먹을 것이다).
- A las diez, en el café. (quedamos 생략)
  10시에 까페에서 (만나자).
- ¿Quién lo ha hecho? -Juan. (lo ha hecho 생략)
  누가 그것을 했지? 후안(이 그것을 했습니다).

2.3 문장의 종류: 단문과 복문

단문(oración simple)은 주어와 서술어가 각각 하나씩 있어서 둘 사이의 관계가 한 번만 이루어지는 문장으로, '만수는 매우 똑똑하다', '그가 환하게 미소를 띠었다' 등과 같은 문장을 말한다.

복문(oración compuesta)은 두 개 이상의 절(節)로 구성된 문장을 말한다. 즉 한 개의 절이 다른 문장 속에 한 성분으로 들어가 있거나, 둘 이상의 절이 서로 연결되어 여러 겹으로 된 문장을 말한다. '만수가 축구에 소질이 있다는 점을 알 수 있다', '만수는 스페인어를 잘하고 영자는 영어를 잘 한다', '만수는 영자가 스페인어를 배우기를 원한다' 등과 같은 문장에 복문에 해당한다. 스페인어도 이와 같은 기준에 따라 단문과 복문으로 구별된다.

- Abre la puerta. [단문] 문을 열어라.
- Quiero que abras la puerta. [복문] 나는 네가 문을 열기 바란다.

- Deseo tu felicidad. [단문] 나는 너의 행복을 기원한다.
- Deseo que tú seas feliz. [복문] 나는 네가 행복하기를 기원한다.

- Estudias chino. [단문] 너는 중국어를 공부하고 있다.
- Quiero que estudies chino. [복문] 나는 네가 중국어를 공부하기 바란다.

단문은 단 하나의 동사로 구성되어 있으며, 동사의 단일 행위를 표현한다.

- Los niños estudian en la escuela.
  아이들은 학교에서 공부한다.
- Los ancianos tienen que comer alimentos blandos.
  노인들은 부드러운 음식을 먹어야 한다.

복문은 둘 이상의 동사로 구성되고, 둘 이상의 행위를 표현한다.

- Los padres tienen la ilusión de que sus hijos triunfen.
  부모들은 자식들이 성공하리라는 기대를 갖고 있다.
- Cuando llegues a Madrid, llámame, por favor.
  마드리드에 도착하면 전화해줘.

☝ NOTA

단문과 복문의 구별이 분명하지 않은 경우가 있다. 따라서 동일한 문장이 단문으로 간주되기도 하고 복문으로 간주되기도 한다.

Alberto estudia español y francés.
알베르또는 스페인어와 프랑스어를 공부한다.

→ Alberto estudia español y francés.
[단문: 두개의 직접목적어]

→ Alberto estudia español y (Alberto estudia) francés.
[복문: 두개의 문장]

2.4 주어-동사의 일치 · 불일치

2.4.1. 일치 ☞ 1.3.

문장 안에서 단어들이 형성하는 문법적 단위는 형식적인 연결 관계를 내포한다. 즉 문장의 요소들 사이에는 일치 관계가 존재한다.

- El niño come chocolate. 남자아이가 초콜릿을 먹고 있다.
- Las niñas comen chocolate. 여자아이들이 초콜릿을 먹고 있다.

위의 첫 번째 문장에서 일치 관계는 el과 niño 사이에, 그리고 niño와 come 사이에 존재한다. 두 번째 문장에서는 las와 niñas 사이에, 그리고 niñas와 comen 사이에 존재한다. 이런 관계가 문장의 모든 요소들 사이에 존재한다. 여기서는 주어와 동사의 일치관계를 살펴보자.

(1) 동사가 하나의 주어에 대하여 언급할 때 수(단수·복수)와 인칭(1·2·3 인칭)에 일치한다.

- Yo iré mañana con ella. 나는 내일 그녀와 함께 가겠다.
- Los estudiantes van al teatro. 학생들은 극장에 간다.
- Vosotros debéis estudiar mucho. 너희들은 열심히 공부해야 한다.
- Ellos vendrán la semana que viene. 그들은 다음 주에 올 것이다.

(2) 1인칭이 포함되어 둘 이상의 사람으로 구성된 주어의 경우에는 동사가 1인칭 복수형이 된다. 2인칭이 포함되어 둘 이상의 사람으로 구성된 주어의 경우에는 동사가 2인칭 복수형이 된다.

- Él, tú y yo nos quedamos aquí.
  그 사람, 너 그리고 나는 여기 남는다.
- Ella y yo haremos el resto del trabajo.
  그녀와 내가 나머지 작업을 할 것이다.
- Él y tú estaréis siempre en mi recuerdo.
  그와 너는 항상 내 기억 속에 존재할 것이다.
- Vosotros y nosotros tenemos las mismas preocupaciones.
  너희들과 우리들이 똑같은 걱정거리를 갖고 있다.

비록 일치의 규칙은 단순하지만, 언어활동에서 여러 비정상적인 현상이 발생한다. 이런 비정상적인 불일치 현상은 주로 대화체 언어에서 나타나는데, 화자의 주의 부족, 문법지식의 부족 등이 그 원인이다.

또 다른 경우에 일치의 규칙이 지켜지지 않는 경우는 문법 지식의 부족이 아니고, 화자나 작가의 문체의 효과를 위한 의도 때문이다. 이러한 불일치는 문체적·표현적 효과를 위한 특별한 일치로 간주해야 한다. 즉 문법적으로는 오류에 해당하지만 허용되는 경우가 있다.

- Hola, ¿cómo estamos? (Hola, ¿cómo estás?)
  우리는 어때? (자네는 어떤가?)
- ¿Cómo nos encontramos, amigo? (¿cómo te encuentras, amigo?).
  우리 어떤가? 친구야. (자네는 어떤가? 친구야)
- Como decíamos ayer… [el profesor a los alumnos].
  어제 우리가 말했듯이… [선생님이 학생에게]

2.4.2. 불일치 현상

1 의미에 의한 불일치

형태는 단수이지만 복수를 의미하는 명사가 주어인 경우에, 동사는 복수 형태로 사용될 수 있다. 즉 이런 현상은 **multitud, montón, millar, caterva, infinidad, la mitad, un tercio, una parte, el resto** 등과 같은 명사와 함께 나타난다.

- Acudieron allí **un millar** de personas.
  천 명의 사람들이 거기로 몰려들었다.

- **Una caterva** de chiquillos se esparcieron por la plaza.
  수많은 꼬마들이 광장으로 흩어졌다.
- **Un montón** de pájaros huyeron tras el disparo.
  총성이 울린 후에 수많은 새들이 도망쳤다.

비형식적인 일치로 여겨지는 이러한 불일치는 의미적 측면에 그 원인이 있다. 주어는 단수 형태의 명사지만 그 의미는 여러 사람, 여러 사물을 의미하기 때문이다. 그래서 단수 명사 속에 포함되어 있는 복수의 의미 때문에 동사는 복수 형태를 취하는 것이다.

2 집합명사의 불일치

gente, pueblo, tropa, muchedumbre, regimiento 등과 같은 집합명사는 형태가 단수이지만 여러 사람, 여러 사물 등과 같이 복수를 의미한다. 따라서 의미에 따른 일치로 보는 입장에서, 집합명사가 주어인 경우에 동사가 복수 형태를 취하는 경우가 있다.

- La **gente**, a una señal convenida de sus jefes, se amotinaron.
  우두머리들의 일치된 신호에 사람들은 폭동을 일으켰다.
- La **muchedumbre** se agolpó en la plaza y luego huyeron despavoridos.
  사람들이 광장에 갑자기 우르르 몰려들었다가 공포에 질려 도망갔다.
- Un **rebaño** de cabras pastaban en las praderas del pueblo.
  염소 떼가 마을 초원에서 풀을 뜯어먹고 있었다.

집합 명사의 구성원인 사람이나 사물 전체가 함께 같은 행동을 하고 있을 때는 단수형이 되고, 집단의 구성원이 각자 다른 행동을 하고 있을 때는 복수형이 되는 경우도 있다.

- El **regimiento** caminaba tranquilo, pero súbitamente se pusieron a correr.
  그 연대는 천천히 걷고 있었다. 그러나 갑자기 달리기 시작했다.
- La gente bailaba alegremente en la plaza, pero cuando empezó a tronar, se dispersaron por las calles vecinas.
  사람들은 광장에서 즐겁게 춤추고 있었지만 천둥이 치기 시작하자 근처의 거리로 흩어져버렸다.

이러한 일치관계 때문에 주어가 **especie, tipo, clase, género** 등과 같은 명사로 나타나는 경우에 동사는 주로 복수 형태를 취한다. 그러나 단수 형태를 취하기도 한다.

- Este tipo de palabras llevan/lleva acento gráfico.
  이 종류의 단어들은 악센트 부호를 갖고 있다.
- Esta clase de faltas se castigan/se castiga duramente.
  이런 종류의 과실은 심하게 벌 받는다.
- Esa especie de animales son comunes/es común.
  이 종류의 동물은 흔하다.

3 의도된 불일치

화자가 특별한 문체적 효과를 얻기 위하여 의도적으로 불일치 관계를 사용하기도 한다.

(1) 심리적 복수: 어떤 특정 상황이나 행동에 심리적으로 외부인이 참가하거나, 외부인을 참가시키려 하는 경우에, 복수 형태의 동사를 사용하는 경우가 있다.

- ¿Cómo estamos?
  어떤가요? (환자에게 ¿Cómo estás? 대신에 사용)

- Juan, hoy tenemos mal día.
  후안, 오늘 운이 안 좋은 날이야.
  (내가 후안과 함께 한다는 감정으로 복수 형태 사용)
- ¿Cómo ha quedado el Real Madrid? -Hemos ganado.
  레알마드리드 팀은 어떻게 되었지? 우리가 이겼어.
  (우리가 좋아하는 팀이 승리한 경우에 사용)

(2) 겸양의 복수: 화자가 자기 자신을 말하는 경우에 동사를 1인칭 복수 형태로 사용하는 경우가 있다.

- Creemos … 나는(우리는) …을 믿습니다.
- Pensamos … 나는(우리는) …을 생각합니다.
- Decíamos ayer … 어제 나는(우리는) …을 말했습니다.
- sabemos … 나는(우리는) …을 알고 있습니다.

이와 같은 표현으로 화자는 어떤 행동에 대한 책임을 회피하려 한다. 예를 들면, 그 행위의 주체는 한 사람임에도 불구하고 복수 형태를 사용한다.

- Ya lo hemos arreglado. 내가(우리가) 이미 그것을 수리했다.
- Ya lo hemos estropeado. 내가(우리가) 이미 그것을 망가뜨렸다.

(3) 위엄・권위의 복수: 화자가 사회 계층, 정치단체, 높은 지위의 대표자로 활동하는 경우에 복수 형태를 사용하는데, 이 용법의 사용은 점점 감소하고 있다.

- Nos, el Rey, otorgamos… 왕인 내가 …을 수여합니다.
- Nos, el Papa, declaramos… 교황인 내가 …을 선서합니다.

2.5 문장 요소의 순서

주어, 동사, 보어의 기능을 나타내는 문장 요소는 일치의 관계로부터 나온 구조를 내포하고 있다. 이와는 반대로, 문장에서 각 요소의 상대적인 위치는 다양한 원인에 의하여 설정된다. 때로는 기능에 의하여 설정되기도 하고, 때로는 화자의 개인적 문체나 의도, 그리고 리듬의 습관, 발음의 습관 등에 의하여 설정되기도 한다. 그 외에, 스페인어는 문장 요소의 위치가 고정되어 있지 않기 때문에, 스페인어는 비교적 문장 요소의 위치가 자유롭다고 할 수 있다. 언급되는 언어적 단위 앞에 오는 관사, 접속사, 전치사를 제외하면, 문장 요소의 위치는 자유로운 편이다.

- El amigo de mi hijo vendrá cuando amanezca.
- Cuando amanezca vendrá el amigo de mi hijo.
- Vendrá el amigo de mi hijo cuando amanezca.
  동이 트면, 내 아들의 친구가 올 것이다.

그렇다고 해서 이러한 위치의 자유가 언어활동에서 무제한 허용되는 것은 아니다. 기본적으로 언어의 일반적 사용 기준에 준해야 한다. 무엇보다도 언어활동의 논리적인 절차에 따라야 한다. 문장 요소들은 일반적으로 **[주어+동사+보어]**의 순서로 나타난다.

- El estudiante escribió una carta a su profesor.
  그 학생은 선생님께 편지를 썼다.
- Toda la familia esperaba a los invitados en la estación.
  가족 모두가 역에서 손님들을 기다리고 있었다.
- No abandonan a los necesitados en los momentos difíciles.
  그들은 어려운 순간에 가난한 사람들을 저버리지 않는다.

대부분의 언어에서 이러한 어순의 경향이 점점 더 보편화되고 있다. 그러나 이러한 순서가 독점적이거나 우세하기만 한 것은 아니다. 문장 요소의 일부가 앞에 위치할 수도 있고 뒤에 위치할 수도 있기 때문이다. 이렇게 문장 요소의 위치가 일반적인 순서를 지키지 않는 것은 기능, 의미, 문체, 발음의 습관 등에 기인한다. 따라서 다음 문장의 네 가지 문장 성분 **[주어+동사+직접목적어+간접목적어]**의 순서는 다음과 같이 다양하게 나타난다.

El niño trajo una carta para mí.
주어 동사 직접목적어 간접목적어
(아이는 나에게 편지를 가져왔다.)

El niño trajo para mí una carta.
El niño una carta trajo para mí.*
El niño una carta para mí trajo.*
El niño para mí una carta trajo.*
El niño para mí trajo una carta.*

Una carta el niño trajo para mí.*
Una carta el niño para mí trajo.*
Una carta trajo el niño para mí.
Una carta trajo para mí el niño.
Una carta para mí el niño trajo.
Una carta para mí trajo el niño.

Trajo el niño una carta para mí.
Trajo el niño para mí una carta.
Trajo una carta el niño para mí.
Trajo una carta para mí el niño.
Trajo para mí el niño una carta.
Trajo para mí una carta el niño.

Para mí el niño trajo una carta.*
Para mí el niño una carta trajo.*
Para mí trajo el niño una carta.
Para mí trajo una carta el niño.
Para mí una carta el niño trajo.*
Para mí una carta trajo el niño.*

위에 제시된 모든 문장이 유효하다. '*' 표시가 붙은 문장은 일반적인 사용에 적절하지 않은 문장이다. 그러나 일부는 특별한 문체나 시작품에 사용될 수도 있다. '*' 표시가 없는 다른 문장은 스페인어의 규범적이고 보편화된 용법에 맞는 문장이다. 그래서 언어활동에서 많이 사용되는 일반적인 경향에 따르고 있다는 것을 알 수 있다.

(1) 일반적으로 주어는 동사 앞에 위치하고, 문장의 첫 번째 요소가 된다.

- **Todos** venían corriendo.
  모든 사람들이 뛰어 오고 있었다.
- **Los niños** imitan a los mayores.
  아이들은 어른들을 흉내 낸다.
- **Los pájaros** han construido cuidadosamente sus nidos.
  새들은 조심스럽게 둥지를 만들었다.

그러나 주어가 문장의 뒤에 위치하는 경우가 있는데, 이것은 의미의 변화나 문체 때문이다. 즉 의문문을 만들거나, 문체적 효과를 위한 어순의 변화가 그 원인이다.

- ¿Ha llegado **Alfonso**? [의문문]
  알폰소가 도착했습니까?
- Ha vuelto a esta casa **la alegría**. [어순의 변화]
  기쁨이 이 집에 다시 찾아왔다.

(2) 동사는 주어와 보어 사이에 위치한다.

- Yo **dije** la verdad a Ana.
  나는 아나에게 사실을 말했다.
- El futbolista **golpeó** el balón con fuerza.
  축구선수는 그 공을 힘차게 찼다.
- La esperanza **proporciona** tranquilidad a los desgraciados.
  희망은 불행한 사람들에게 평안을 준다.

동사가 문장의 맨 앞에 위치하는 경우는 주어가 생략되어 있거나, 의미를 강조하는 경우에 해당한다.

- **Ha llegado** Pedro.
  빼드로가 도착했다.
- **Volverá** Alejandro a casa por Navidad.
  알레한드로는 크리스마스 때 집에 올 것이다.
- **Iremos de vacaciones** mañana. [주어 nosotros 생략]
  우리는 내일 휴가를 갈 것이다.

(3) 일반적으로 보어는 동사 뒤에 위치한다. 그리고 다른 요소와 함께 위치하는 경우에는 **[직접목적어+간접목적어+상황보어]**의 순서로 나타난다.

- Guillermo dio un libro a su hijo aquel día.
  기예르모는 그날 아들에게 책을 주었다.
- Los vecinos encontraron al niño en el bosque.
  이웃주민들이 그 아이를 숲속에서 찾았다.

직접목적어나 간접목적어의 의미를 강조하는 경우에는 보어를 앞에 놓을 수도 있다. 직접목적어와 간접목적어를 앞에 놓는 경우에는 목적대명사를 중복하여 사용해야 한다.

- Encontré **a mi perro** ayer en el jardín. [직접목적어]
- **A mi perro lo** encontré ayer en el jardín. [직접목적어]
  어제 나는 개를 정원에서 찾았다.

- Entregaron el trofeo **al vencedor**. [간접목적어]
- **Al vencedor le** entregaron el trofeo. [간접목적어]
  승리자에게 트로피를 수여했다.

- **A mi madre le** robaron el bolso en la calle. [간접목적어]
  나의 어머니는 길에서 핸드백을 도난당하셨다.
- **A tu madre la** vi ayer en el parque. [직접목적어]
  나는 어제 너의 어머니를 공원에서 봤다.

- **A mis padres les** dije toda la verdad. [간접목적어]
  나는 나의 부모님께 모든 사실을 말씀드렸다.
- Aquí **a nadie** se **le** regalaron. [간접목적어]
  여기서 그들은 어느 누구에게도 선물하지 않았다.

제3장 구문적 기능

3. 구문적 기능

3.1 문법 범주와 구문적 기능

문법적 범주는 전통적으로 명사, 형용사, 동사, 부사 등과 같은 단위들을 말한다. 품사(partes de la oración, clases de palabras)라는 용어가 사용되기도 한다. 구문적 기능은 문장 안에서 어떤 단어가 다른 단어와 관계를 갖게 될 때, 이 단어들이 갖게 되는 여러 기능을 말한다. Juan come en casa에서 Juan은 동사 come의 주어, en casa는 동사 come의 상황보어가 되는 것이다.

문장의 기본적인 구성요소는 주어와 서술어, 주어의 보어, 서술어의 보어 등을 말한다.

<table>
<tr><td colspan="4">El sobrino de mi amigo tiene un ordenador.
내 친구의 조카는 컴퓨터를 갖고 있다..</td></tr>
<tr><td>El sobrino</td><td>de mi amigo</td><td>tiene</td><td>un ordenador</td></tr>
<tr><td>주어</td><td>명사의 보어</td><td>동사</td><td>직접목적어</td></tr>
<tr><td colspan="2">주어부</td><td colspan="2">서술부</td></tr>
</table>

3.1.1. 1차(기본적) 기능: 문장 전체에 영향을 주는 구문적 기능이다.

(1) 주어의 기능

- **Mi hijo** está en casa. 나의 아들은 집에 있다.
- **Mi amigo** vive en Italia. 내 친구는 이탈리아에 살고 있다.

(2) 주격 보어의 기능

- Mi madre está **feliz**. 나의 어머니는 행복하시다.
- Juan es **amable**. 후안은 친절하다.

(3) 직접목적어의 기능

- Mi padre compra **un coche** nuevo.
  나의 아버지는 새 차를 구입하신다.
- Mi hermana escribe **cartas** a sus amigas.
  나의 여동생은 친구들에게 편지를 쓴다.

(4) 간접목적어의 기능

- Alberto da el libro **a su padre.**
  알베르또는 아버지께 책을 드린다.
- Ana da un abrazo **a su madre**.
  아나는 어머니를 포옹한다.

(5) 상황보어의 기능

- Todos trabajan **con entusiasmo.**
  모든 사람들이 열정적으로 일하고 있다.

- El gordo de la lotería ha caído **en Burgos**.
  복권 1등은 부르고스에서 당첨되었다.

3.1.2. 2차(부수적) 기능: 문장 전체에 영향을 주지 않고 문장의 구성 요소에 영향을 준다.

(1) 명사의 보어 기능

- El sobrino **de mi amigo** es arquitecto.
  내 친구의 조카는 건축가이다.
- A los padres les preocupan las actuaciones **de sus hijos**.
  자식들의 행동이 부모를 걱정하게 한다.

(2) 동격의 기능

- Seúl, **capital de Corea**, es una ciudad muy grande.
  한국의 수도, 서울은 매우 큰 도시이다.
- Cervantes, **novelista famoso**, nació en Alcalá de Henares.
  유명한 소설가, 세르반떼스는 알깔라 데 에나레스에서 태어났다.
- Delibes, **escritor contemporáneo**, es vallisoletano.
  동시대의 작가, 델리베스는 바야돌릿 사람이다.

3.1.3. 3차(호격) 기능: 구문적 기능이 아니고, 문장 외적인 요소인 호격을 말한다.

- Dime tú, **niño**, cómo te llamas.
  얘야, 네 이름이 뭔지 나에게 말해.
- Debes explicarme tú, **Juan**, la solución del problema.
  후안, 너는 문제 해결방법을 나에게 설명해야 한다.

3.2 주어의 기능

주어는 주요 문장 성분의 하나로, 서술어가 나타내는 동작이나 상태의 주체를 표현하기 위하여 사용되는 기능이다.

- Se ha caído **el niño**. 아이가 넘어졌다.
- Se ha caído **la mesa**. 탁자가 쓰러졌다.
- Se ha caído **el árbol**. 나무가 쓰러졌다.
- Se ha caído **la cuchara**. 숟가락이 떨어졌다.

주어는 명사의 기본적이고 가장 중요한 기능에 해당한다. 주어는 명사가 되거나 혹은 명사에 대등한 어휘형태가 되어야 한다.

- **Los alumnos** corren en el patio. [명사]
  학생들이 안마당에서 뛰어다니고 있다.
- **Ella** va a venir con su madre. [대명사]
  그녀는 어머니와 함께 올 것이다.
- **Los ágiles** corren velozmente. [형용사]
  재빠른 사람들은 빠르게 달린다.
- **Vivir** es una virtud. [부정사]
  산다는 것은 덕이다.
- **Que seas feliz** me agrada. [절]
  네가 행복하다니 나는 즐겁다.

일반적으로 주어는 전치사를 동반하지 않는다. 일부 어떤 경우에 전치사 형태가 주어와 함께 나오는데, 이것은 다양한 의미의 표현을 위하여 사용되는 문법화된 형태이다.

- **Alicia y yo** hacemos el trabajo.
  알리시아와 내가 그 일을 할 것이다.

- **Entre Alicia y yo** hacemos el trabajo (entre los dos).
  알리시아와 나 둘이서 그 일을 할 것이다.

- Se han suspendido **diez alumnos** en esta evaluación.
  이번 평가에서 10명이 낙제했다.
- **Hasta diez alumnos** se han suspendido en esta evaluación.
  이번 평가에서 10명씩이나 낙제했다. (낙제 수가 많음)

- Han aprobado **veinte alumnos.**
  20명이 합격하였다.
- **Alrededor de veinte alumnos** han aprobado.
  약 20명이 합격하였다.

3.2.1. 주어의 기능

'누가, 혹은 무엇이 동사의 행위를 하는가?'라고 묻는 것이 일반적이다. "누가?"라고 질문하는 것은 주어가 사람일 경우에 가능하다.

- El niño se ha caído. / ¿quién se ha caído? **el niño**
  아이가 넘어졌다. 누가 넘어졌는가? 아이
- Mis padres juegan al ajedrez. / ¿quiénes juegan? **mis padres**
  부모님께서 장기를 두고 계신다. 누가 하는가? 나의 부모님

"무엇?"라고 질문하는 것은 주어가 사물일 경우에 가능하다.

- Se ha caído el árbol. / ¿qué se ha caído? / **el árbol**
  나무가 쓰러졌다. 무엇이 쓰러졌지? 나무
- Se vendieron coches. / ¿qué se vendieron? / **coches**
  자동차가 팔렸다. 무엇이 팔렸는가? 자동차

3.2.2. 주어의 종류

1 문장 요소의 기능에 따른 구분

(1) 문법적 주어: 서술어에 대하여 누구인지, 무엇인지를 말하는 문장의 주어이며, 인칭과 수에서 동사와 일치해야 한다.

- **El Real Madrid** será campeón de liga.
  레알마드리드 팀은 리그 챔피언이 될 것이다.
- **Mis hermanos** van a salir de vacaciones a Italia.
  나의 형제들은 이탈리아로 휴가를 떠날 것이다.

(2) 논리적 주어: 서술어가 표현하는 행동의 주체를 말한다. 앞에서 본 문법적 주어와 일치할 수도 있고 일치하지 않을 수도 있다.

- **Alejandro** juega al ajedrez. [문법적 주어: 논리적 주어]
  알레한드로는 장기를 두고 있다.
- Este cuadro fue pintado por **Picasso**.
  [문법적 주어: 그림, 논리적 주어: 피카소]
  이 그림은 피카소에 의하여 그려졌다.
- Se venden coches. [논리적 주어: 자동차를 파는 사람들]
  자동차가 팔린다.

2 의미적 기능에 따른 구분

(1) 행위자 주어: 주어가 동사의 행동을 실현하는 경우를 말한다.

- **María** toca el piano. 마리아는 피아노를 연주한다.
- **Maradona** juega al fútbol. 마라도나는 축구를 하고 있다.

(2) 피동 주어: 주어가 동사의 행동을 행하지 않고 그 행위를 받는 경우를 말한다.

- **Inés y su padre** son apreciados por todos sus amigos.
  이네스와 그녀의 아버지는 모든 친구들 사이에서 존경받는다.
- Se veían **anuncios** por todas partes.
  모든 장소에서 광고가 보였다.

(3) 유사행위 주어: 외관상으로는 행위자이지만 의미적으로는 행위를 받는 경우를 말한다.

- **Mi hijo** arregló ayer el coche.
  나의 아들이 자동차를 수리했다. (실제로는 수리공이 수리했음)
- **Mi amigo** se ha cortado el pelo.
  나의 친구는 머리를 잘랐다. (실제로는 미용사가 머리를 잘랐음)

(4) 원인의 주어: 주어가 원인이지만, 직접적인 행위자는 아닌 경우를 말한다.

- **Felipe II** construyó la catedral de Valladolid.
  펠리뻬 2세는 바야돌릿의 성당을 건축했다. (주어는 건축을 명령)

3 형태에 의한 구분

(1) 단순 주어: 단 하나의 핵으로 구성되어 있는 주어를 말한다.

- **El niño** llora. 아이가 울고 있다.
- **Ella** debe hacer el trabajo. 그녀는 그 일을 해야 한다.

(2) 복합 주어: 주어인 핵과 함께 다른 부수적인 요소와 함께 있는 경우를 말한다.

- **La hija de mi hermana** es muy guapa.
  우리 누나의 딸은 매우 예쁘다.
- **Luis, el hijo de Ramón,** es dentista.
  라몬의 아들인 루이스는 치과의사이다.

(3) 복수 주어: 두 개 이상의 핵으로 구성된 주어를 말한다.

- **Alfonso y Antonio** trabajan juntos.
  알폰소와 안또니오는 함께 일하고 있다.
- **Ángel y María** se miraban en el espejo.
  앙헬과 마리아는 거울을 보고 있었다.
- **Tú y yo** iremos a la playa.
  너와 나는 해변에 갈 것이다.

3.3 연계(연결)의 기능

연계동사(ser · estar)를 사용하여 주어의 정체 · 자질을 표현하기 위하여 사용하는 요소이다. 즉 이러한 연계(연결) 기능으로 주어의 자질을 표현한다.

- Mi hermano es **diseñador**. (hermano = diseñador)
  나의 형은 디자이너이다.
- Javier es **madrileño**. (Javier = madrileño)
  하비에르는 마드리드 사람이다.
- Mi amigo es **profesor**. (amigo = profesor)
  내 친구는 교수이다.

연계가 오직 명사만의 기능은 아니다. 다른 어휘 형태도 연계의 기능을 나타낼 수 있다.

- El camarero es **amable**. [형용사] 그 웨이터는 친절하다.
- El niño está **enfermo**. [형용사] 그 아이는 아프다.
- Mi amigo es **aquel**. [지시대명사] 나의 친구는 저 사람이다.
- Mi hermano está **bien**. [부사] 나의 형은 잘 있다.
- Jorge es **el que habla**. [명사절] 호르헤가 말하는 사람이다.
- Eso es **fumar**. [부정사] 그것은 흡연하는 것이다.

3.4 직접목적어의 기능

직접목적어는 동사의 행위를 받는 문장의 한 부분이다. 즉 타동사의 행위를 완전하게 표현하는 것이다.

- Pepe ha escrito **una novela**. 뻬뻬는 소설을 썼다.
- Felipe come **hamburguesas**. 펠리뻬는 햄버거를 먹고 있다.
- El mecánico arregló **el coche**. 기술자가 자동차를 수리했다.
- Mi amigo ha visto **a tu madre**. 내 친구가 너의 어머니를 봤다.

직접목적어는 명사의 기본적인 기능 중의 하나이며, 언어 사용에서 가장 빈번한 기능 중의 하나이다.

NOTA

직접목적어가 동사 내부에 포함되어 있는 경우가 있다. respirar (aire), vivir (la vida), dormir (un sueño), saltar (un salto) 등과 같은 동사가 이에 해당한다. 이런 동사는 자동사로 분류된다 스페인어에서는 직접목적어를 정확하게 구별하기 어려운 경우가 있다. 즉 직접목적어와 간접목적어의 형태가 같은 경우가 있다. 다음의 예문에서 'a mi hija'는 각각 '내 딸을', '내 딸에게'를 의미하기 때문에, 직접목적어이기도 하고 간접목적어이기도 한다. 즉 첫 번째 문장의 전치사 a는 타동사의 목적어가 특정인일 때 목적어를 가리키기 위하여 사용되었으며, 문법적 기능만을 갖고 의미는 없는 a이고, 두 번째 문장의 a는 '…에게'라는 의미로 사용된 전치사이다.

- Yo quiero **a mi hija**. [직접목적어] 나는 내 딸을 사랑한다.
- Yo doy un libro **a mi hija**. [간접목적어] 나는 내 딸에게 책을 준다.

다음 예문에서도 마찬가지이다. 'a Alberto'는 '알베르또를'(직접목적어), '알베르또에게'(간접목적어)를 의미한다.

- El profesor suspendió **a Alberto**. [직접목적어]
  선생님은 알베르또를 낙제시켰다.
- El profesor suspendió la química **a Alberto**. [간접목적어]
  선생님은 알베르또에게 화학을 낙제시켰다.

즉 직접목적어가 특정인인 경우에 전치사 a를 사용해야 하기 때문에, 간접목적어에 정상적으로 들어가는 전치사 a와 동일한 형태를 갖게 되는 것이다. 이와 같이 직접목적어와 간접목적어의 형태가 같기 때문에 문장의 의미가 명확하지 않은 경우가 있다. 예를 들면, 다음과 같은 문장에서는 직접목적어와 간접목적어의 구별이 쉽지 않다.

(a) Antonio presentó a su amigo a su padre.
안또니오는 친구를 아버지께 소개하였다.

Antonio	presentó	a su amigo	a su padre
주어	동사	직접목적어	간접목적어

(b) Antonio presentó a su amigo a su padre.
안또니오는 친구에게 아버지를 소개하였다.

Antonio	presentó	a su amigo	a su padre
주어	동사	간접목적어	직접목적어

스페인어는 이 경우를 구별하기 위한 언어의 특성을 갖고 있다. 즉 직접목적어는 동사 가까이에 위치한다는 점이다. 결국 위의 문장은 (a)와 같은 의미를 가진 것으로 이해할 수 있다.

한편, 직접목적어의 기능이 의미적으로 상황보어의 기능과 유사한 경우가 있다. 다음과 같은 문장에서 그런 현상이 나타난다.

- Isabel piensa **eso**. [직접목적어] 이사벨은 그렇게 생각한다. (의견)
- Isabel piensa **en eso**. [상황보어] 이사벨은 그것을 생각한다. (대상)

NOTA

두 문장의 의미의 차이를 구별하기가 쉽지 않지만, 첫 문장은 '그렇게 생각한다'는 의견을 표현하는 것이고, 두 번째 문장은 '사람이나 어떤 대상을 생각한다'는 표현이다..

- Pepe cree **tu verdad**.* [직접목적어]
- Pepe cree **en tu verdad**. [상황보어] 뻬뻬는 너의 진실을 믿는다.

☝ NOTA

이 경우에 동사 creer는 보통 전치사 en을 필요로 한다. 따라서 첫째 문장은 문법적으로 옳지 않은 문장에 속하고, 두 번째 문장이 올바른 문장이다.

이와 같이, 직접목적어는 전치사 en, de의 사용을 허용하지 않기 때문에, 문장 형태의 차이는 분명하게 존재하지만, 의미의 차이를 분명하게 구별하기는 쉽지 않다. 스페인의 일부 문법학자는 이런 종류의 상황보어를 **suplemento**라고 명명한다. ☞ 3.10.1.

3.4.1. [a+직접목적어]

타동사의 직접목적어가 특정인인 경우에 이 직접목적어 앞에 전치사 a를 사용하는 것은 스페인어의 고유한 구문적 특징이며, 이점이 스페인어가 다른 언어와 구별되는 것이다. 영어와 프랑스어, 그리고 스페인어에서 "나는 존을 사랑한다"라는 문장을 만들어 보면 다음과 같다.

- I love John. [영어]
- J'aime Jean. [프랑스어]
- Yo quiero a Juan. [스페인어]

타동사의 직접목적어인 사람을 지시하기 위하여 전치사 a를 사용하는 것은 다른 언어에는 없는 현상으로 스페인어의 특징이며, 이 현상은 17세기부터 보편화 되었다. 스페인어에서는 문장에서 어순이 자유롭기 때문에, 문장에서 어느 요소가 목적어인지를 표시하기 위하여 전치사 a의 사용이 보편화된 것이다.

그러나 타동사의 직접목적어가 특정인이 아닌 경우에는 전치사 a를 사용하지 않는다. 즉 직접목적어가 정확하지 않거나 특정인이 아닌 경우에는 전치사를 a를 사용하지 않는다.

- Busco **al abogado**. [특정인] 나는 그 변호사를 찾는다.
- Busco **abogado**. [불특정인] 나는 (아무) 변호사를 찾는다.

- Veo **a los niños** en el jardín. [특정인]
  나는 정원에서 그 아이들을 보고 있다.
- Veo **niños** en el jardín. [불특정인]
  나는 정원에서 아이들을 보고 있다.

이와는 달리, 독립된 용법에서 직접목적어가 사물인 경우에 전치사 a를 동반하는 경우가 있다. 이 현상은 이 직접목적어가 의인화된 경우에 나타난다.

- Los poetas cantan **a la vida**. 시인들이 인생을 노래한다.
- Los poetas cantan **la vida**.

- Los filósofos buscan **a la verdad**. 철학자들은 진실을 추구한다.
- Los filósofos buscan **la verdad**.

한편, 특정인을 가리키는 직접목적어 앞에 전치사 a가 생략되어 사용되지 않는 경우도 있다.

- Antonio presentó a su amigo a su padre.
- Antonio presentó su amigo a su padre.
  안또니오는 친구를 아버지께 소개하였다.

- He recomendado este chico al profesor.
  나는 이 소년을 선생님께 추천했다.
- Llevo los niños al colegio.
  나는 아이들을 학교에 데리고 간다.

한편, 개가 직접목적어일 경우에 전치사 a가 사용된다.

- Todos los días llevo a mi perro al parque.
  매일 나는 개를 공원에 데리고 간다.

3.4.2. 직접목적어의 기능

(1) 의미적 측면: 동사에 대하여 "무엇을?", "누구를?"이라는 질문이 가능하다.

- Jorge ha visto un ovni. / ¿qué ha visto? / **un ovni**.
  호르헤는 UFO를 보았다. 무엇을 보았는가? UFO를 (보았다).
- Jorge ha visto a Julia. / ¿a quién ha visto? / **Julia**.
  호르헤는 훌리아를 만났다. 누구를 만났는가? 훌리아를 (만났다).

여기서 "¿a quién?"은 형태가 간접목적어와 유사하기 때문에 문제가 된다.

- Se lo ha dado a Marisol. / ¿a quién? / **a Marisol**.
  마리솔에게 그것을 주었다. 누구에게? 마리솔에게 (주었다).

- Han detenido a Marisol. / ¿a quién? / **a Marisol.**
  마리솔을 체포했다. 누구를? 마리솔을 (체포했다).

(2) 능동태 · 수동태 문장의 비교: 수동태 문장은 능동태 문장을 바꾼 문장에 불과하기 때문에, 수동태 표현에서 수동 주어는 능동 문장에서는 직접목적어라는 점을 알 수 있다.

- Julia abre **la puerta**. [능동문]
  훌리아는 문을 연다.
- **La puerta** es abierta por Julia. [수동문]
  그 문은 훌리아에 의하여 열린다.

그러나 이 방법 역시 완전하지는 않다. 능동태 문장에서 바뀐 수동태 문장이 바람직하지 않은 경우가 있기 때문이다.

- El profesor ha suspendido al alumno. 선생님은 학생을 낙제시켰다.
- El alumno ha sido suspendido por el profesor.*

- Los alumnos comen manzanas. 학생들은 사과를 먹는다.
- Las manzanas son comidas por los alumnos.*

(3) 대명사로 교체하는 방법: 직접목적어와 간접목적어로 작용하는 3인칭 목적대명사로 교체하는 방법은 단순하고 비교적 쉽게 이해된다.

	단수	복수
직접목적대명사	lo(le), la	los, las
간접목적대명사	le	les

이 방법을 사용하면 직접목적어와 간접목적어를 명확하게 구별할 수 있다.

- El abogado compró **un coche**. [직접목적어]
  변호사는 자동차를 한 대 샀다.
- El abogado **lo** compró. [직접목적 대명사]
  변호사는 그것을 샀다.

- El abogado compró un coche **a su hijo**. [간접목적어]
  변호사는 아들에게 차를 사주었다.
- El abogado **le** compró un coche. [간접목적 대명사]
  변호사는 그에게 차를 사주었다.

3.5 간접목적어의 기능

간접목적어는 동사에 의하여 표현된 행동을 받는 사람이나 의인화된 사물을 가리킨다.

- El orador dirigió unas palabras **a los asistentes**.
  연설자는 참석자들에게 말을 건넸다.
- El campeón dio muchos golpes **al contrincante**.
  챔피언은 경쟁자에게 많은 펀치를 날렸다.
- Besó la mano **a la señora** elegantemente.
  그는 그 부인의 손에 우아하게 키스를 했다.

간접목적어 앞에 전치사 **a**, **para**가 사용된다.

- Traje un libro **a/para tu amigo**.
  나는 네 친구에게 책 한 권을 가져왔다.

- Voy a comprar un libro **a/para mi amigo**.
  나는 내 친구에게 책을 사줄 것이다.
- Ayer eligieron mis amigos el regalo **para su madre**.
  어제 나의 친구들은 어머니에게 줄 선물을 골랐다.

그러나 간접목적어와 상황보어의 형태가 일치하는 경우가 있다.

- Alfonso dio una patada **al perro**. [간접목적어]
  알폰소는 개를 발로 찼다.
- Alfonso dio una patada **a una piedra**. [상황보어]
  알폰소는 돌을 발로 찼다.

위의 예문에서 a una piedra는 간접목적어가 아니라 상황보어이다. 즉 una piedra는 알폰소의 발길질을 받은 것이 아니라 알폰소가 발길질을 한 장소를 나타내기 때문이다. 따라서 다음과 같이 간접목적대명사로 대체할 수 없는 것이다.

- Alfonso dio una patada **a una piedra**. 알폰소는 돌을 발로 찼다
- Alfonso **le** dio una patada.*

3.6 상황보어의 기능

상황보어는 동사의 행위가 어떤 상황(장소, 시간, 방법, 정도 등)에서 발생·전개되는 지를 가리키는 문장의 요소이다.

- Pedro trabaja **en Barcelona**. [장소]
  뻬드로는 바르셀로나에게 일하고 있다.
- Pedro trabaja **todos los días**. [시간]
  뻬드로는 매일매일 일한다.

- Pedro trabaja **con ilusión**. [방법]
  빼드로는 기대감을 갖고 일한다.
- Pedro trabaja **con sus hijos**. [방법]
  빼드로는 자식들과 함께 일하고 있다.
- Pedro trabaja **cinco horas diarias**. [정도]
  빼드로는 하루에 5시간 일한다.

상황보어는 모든 전치사를 동반할 수 있지만, 때로는 전치사 없이 나오기도 한다.

- **Todos los días** viajan **en tren** los estudiantes.
  학생들은 매일 기차로 여행한다.

특히 다음과 같이 시간을 나타내는 상황보어에서는 전치사 없이 나오는 경우가 많다.

- **El domingo** iremos al cine.
  우리는 일요일에 영화관에 갈 것이다.
- **Este año** ha llovido mucho.
  금년에 비가 많이 왔다.
- **Este verano** estudiaré en Salamanca.
  이번 여름에 나는 살라망까에서 공부할 것이다.
- Petra cantará canciones **los días de fiesta**.
  빼뜨라는 축제일에 노래를 부를 것이다.
- **La semana pasada** vi la película que me recomendaste.
  지난주에 나는 네가 추천해준 영화를 보았다.
- **Las próximas vacaciones** nos vamos a Malloraca.
  우리는 다음 휴가에 마요르까에 갈 것이다.
- **La próxima vez** iré con vosotros de vacaciones.
  다음번에는 너희들과 함께 휴가를 갈 것이다.

위의 예문에서 전치사가 사용된 상황보어와 전치사 없이 사용된 상황보어를 볼 수 있다. 의미의 다양성과 함께 모든 전치사들이 사용될 수 있기 때문에 상황보어는 범주를 분류하는데 어려움이 따르기도 한다.

- El niños piensa **eso**. [직접목적어]
  그 아이는 그렇게 생각한다.
- El niño piensa **en eso**. [상황보어/suplemento]
  그 아이는 그것을 생각한다.

- Antonio es **madrileño**. [연계]
  안또니오는 마드리드 사람이다.
- Antonio es **de Madrid**. [상황보어/연계문장]
  안또니오는 마드리드 출신이다.

3.7 명사보어의 기능

다른 명사를 보충하는 명사의 기능을 '명사보어'라 한다.

- El coche **de mi madre** es automático.
  우리 어머니의 차는 오토매틱이다.
- Llevaba un vestido **con bolsillos rojos**.
  그는 빨간 주머니가 달린 옷을 입고 있었다.
- Han construido un hotel **de cinco estrellas**.
  별 다섯 개의 호텔을 지었다.
- El aire **de muchas ciudades** está contaminado.
  많은 도시의 공기는 오염되어 있다.
- Diles a tus chicos que traigan el balón de fútbol **de color rojo**.
  아이들에게 빨간색 축구공을 가져오라고 말해라.

- Todos querían comer mantequilla **de Soria**.
  그들 모두 소리아산 버터를 먹기를 원했다.
- Mi hijo es experto **en química**.
  나의 아들은 화학의 전문가이다.

명사보어는 항상 전치사를 동반하는데 전치사 de가 가장 많이 사용된다. 그러나 다른 전치사도 자주 사용된다.

- agua **con gas** 탄산수
- café **con leche** 밀크커피
- libro **de química** 화학 책
- cerveza **sin alcohol** 무알콜 맥주
- cuaderno **para matemáticas** 수학 노트
- el aire **de muchas ciudades** 여러 도시의 공기
- un hotel **de cinco estrellas** 별 다섯 개의 호텔

또한 명사보어는 형용사를 보충하기도 한다.

- difícil **de leer** 읽기 어려운
- fácil **de leer** 읽기 쉬운
- apto **para el estudio** 연구에 적합한
- experto **en informática** 정보통신에 전문적인

명사보어와 상황보어는 형태가 같기 때문에 이를 구별해야 한다.

- El aire **de muchas ciudades** está contaminado. [명사보어]
  많은 도시의 공기는 오염되어 있다.
- Tuvimos que hospedarnos **en las ciudades** sucias. [상황보어]
  우리는 더러운 도시에서 숙박해야만 했다.

- Me gusta mucho la fuente **del parque**. [명사보어]
  나는 공원의 분수를 매우 좋아한다.
- Me gusta dar un paseo **en el parque**. [상황보어]
  나는 공원에서 산책하는 것을 좋아한다.

3.8 동격의 기능

동격은 한 명사가 다른 명사를 보충하고 구체화하는 경우이며, 동격은 전치사를 동반하지 않는다.

- Felipe, **mi primo**, es muy generoso.
  내 사촌 펠리뻬는 매우 너그럽다.
- Seúl, **capital de Corea**, es una ciudad muy grande.
  한국의 수도, 서울은 매우 큰 도시이다.

동격의 두 명사는 성·수에서 동일할 수도 있고 동일하지 않을 수도 있다.

- España, **país mediterráneo** 지중해의 나라, 스페인
- París, **centro cultural de Europa** 유럽의 문화중심지, 파리

기능과 의미적 측면에서, 동격을 다음과 같이 두 유형으로 구별할 수 있다.

(1) 한정적 동격: 한 명사가 다른 명사의 개념을 구체화하고 정확하게 하는 경우이며, 형용사적 성격을 갖게 된다. 이 경우에 동격명사는 명사 바로 뒤에 오는데, 말할 때 간격을 두지 않고, 쓰기에서는 쉼표를 사용하지 않는다.

- el médico **escritor** 작가 의사
- el rey **Carlos IV** 까를로스 4세
- mi hermano **Alfonso** 나의 형 알폰소
- El reloj **Omega** es de oro. 오메가 시계는 금제품이다.
- Vivo en Madrid **capital**. 나는 수도 마드리드에 살고 있다.
- El río **Tajo** pasa por Toledo. 따호강은 똘레도를 통과한다.

(2) 설명적 동격: 한 명사가 다른 명사의 의미를 명확하게 하기 위하여 설명을 하는 경우이다. 동격을 없애도 의미는 변하지 않는다. 말하기에서는 간격을 두고, 쓰기에서는 콤마를 사용한다. 이 경우에는 콤마가 동사(ser)를 대체한다고 보면 된다.

- Elena, **mi hermana** 나의 여동생 엘레나
- Cervantes, **escritor famoso** 유명한 작가 세르반테스
- Corea, **país de Extremo Oricnte** 극동의 나라 한국
- Miguel, **el director**, abrió la sesión. 책임자인 미겔이 개회하였다.
- El golf, **deporte de ricos**, no me gusta.
  나는 부유층의 스포츠인 골프를 좋아하지 않는다.
- Nosotros, **los Pérez**, somos buenas personas.
  우리는 뻬레스 가의 가족인데 좋은 사람들이다.

3.9 호격의 기능

사람이나 의인화된 사물을 부르는 기능을 호격이라 한다. 호격은 문장을 구성하지 않기 때문에 문장의 성분이 아니다. 호격은 전치사를 동반하지 않고, 콤마에 의하여 문장과 분리된다.

- ¡**Pedro**! 뻬드로!
- **Niño**, ven aquí. 얘야, 이리 와라.

- ¡Cállate, **Marisol**!　마리솔, 조용히 해!

호격은 문장 안에 삽입되거나, 문장과 분리되어 나타난다.

- Venid, **niños**, conmigo.
  얘들아, 나와 함께 가자.
- **Antonio**, ven ahora mismo.
  안또니오, 지금 바로 와라.
- Dime tú, **hijo**, qué has hecho.
  아들아, 오늘 무엇을 했는지 말해보렴.
- Te envío, **amigo mío**, este libro por correo.
  친구야, 너에게 이 책을 우편으로 보낸다.

3.10 기타 기능

3.10.1. suplemento

스페인어문법에서 의미적·형태적적인 면에서 직접목적어와 상황보어가 일치하는 구문적 관계를 가리키기 위하여 suplemento 라는 용어를 사용한다.

- Todos pensamos **esas cosas**. [직접목적어]
- Todos pensamos **en esas cosas**. [suplemento]
  우리 모두가 그런 일을 생각하고 있다.

이 용어는 신조어로 생소하지만 스페인어 문법에서 그 사용이 점점 증가하고 있다. 스페인어 동사 중에서, 동사의 행위를 표현하고 의미를 명확히 하기 위하여, 전치사를 목적어로 취하는 동사를 가리킨다. suplemento의 형태는 직접목적어의 형태와 같지는 않다.

- Los hijos de mi vecina hablan **eso**. [직접목적어]
  내 이웃집 여인의 아이들은 항상 그것을 말한다.
- Los hijos de mi vecina hablan **de eso**. [suplemento]
  내 이웃집 여인의 아이들은 항상 그것에 대해 말한다.

- Los niños hablan **chino**. [직접목적어]
  아이들은 중국어를 한다.
- Los niños hablaban **del otro día** en la fiesta. [suplemento]
  아이들은 파티에서 그날에 대하여 말하고 있었다.

- Mañana trataremos **todos esos asuntos**. [직접목적어]
  우리는 내일 이 모든 사건을 해결해야 한다.
- Debemos tratar **de todos esos asuntos** mañana. [suplemento]
  우리는 내일 이 모든 사건에 대하여 논의해야 한다.

- Se encontró **a sus amigos** en el parque. [직접목적어]
  공원에서 친구들을 발견했다.
- Se encontró **con sus amigos** en el parque. [suplemento]
  그는 공원에서 친구들과 마주쳤다.

- Los jugadores siempre critican **a los árbitros**. [직접목적어]
  선수들은 항상 심판을 비판한다.
- Los jugadores siempre se quejan **de los árbitros**. [suplemento]
  선수들은 항상 심판에 대하여 불평한다.

상황보어와 suplemento는 모두 **[전치사+명사]**의 형태를 가지고 있기 때문에 형태가 유사하지만 그 구문적 기능은 다르다. 즉

suplemento는 의미적 측면에서는 직접목적어와 같고, 형태적 측면에서는 상황보어와 같다.

(1) suplemento의 문형

- Todos nos preocupamos **de tu suerte**.
  우리 모두는 너의 운명을 걱정하고 있다.
- Se lamentan **de lo sucedido**.
  그들은 발생한 일을 유감으로 생각한다.
- Siempre dudan **de nuestro valor**.
  그들은 항상 우리의 용기를 의심한다.
- Estábamos hablando **de las vacaciones veraniegas**.
  우리는 여름 방학에 대하여 말하고 있었다.

(2) 상황보어의 문형

- Se sienten orgullosos **con su familia**.
  그들은 자신의 가족에 대하여 자부심을 느낀다.
- Nos recibieron **con aplausos**.
  우리를 박수갈채로 맞이하였다.
- Me castigaron **por mi comportamiento**.
  나는 행실 때문에 벌을 받았다.

3.10.2. 행위자 보어의 기능

행위자보어는 수동태 문장에서 동사의 행위자가 누구인지를 가리키기 위하여 사용된다.

- El libro es leído **por los alumnos**.
  책은 학생들에 의하여 읽혀진다.

- La ventana fue abierta **por el profesor**.
  창문은 선생님에 의하여 열렸다.

위의 문장에서 por los alumnos, por el profesor는 수동문의 행위자보어에 해당한다. 그리고 동시에 동사에 의하여 표현된 행위의 논리적 주어가 된다.

- **Los alumnos** leen el libro.
  학생들은 책을 읽는다.
- El libro es leído **por los alumnos**.
  책은 학생들에 의하여 읽혀진다.

- **El profesor** abrió la ventana.
  선생님은 창문을 열었다.
- La ventana fue abierta **por el profesor**.
  창문은 선생님에 의하여 열렸다.

이 보어는 거의 대부분의 경우에 전치사 por를 동반한다.

- Fue atropellado **por un coche**.
  그는 차에 치었다.
- El coche fue desviado **por la policía**.
  차는 경찰에 의하여 방향이 변경되었다.
- La película fue filmada **por un director coreano.**
  그 영화는 한국인 감독에 의하여 촬영되었다.
- La catedral de Valladolid fue construida **por el rey Felipe**.
  바야돌릿 성당은 펠리뻬 왕에 의하여 건축되었다.
- Los ponentes fueron criticados **por la gente** por incoherentes.
  심사위원들은 앞뒤가 맞지 않는다는 이유로 사람들로부터 비난받았다.

행위자 보어를 도입하는 전치사 por는 동사의 의미가 정신적·감정적 내용일 경우에 de를 사용하기도 한다.

- Ella está rodeada **de sus compañeras**.
  그녀는 친구들에 의해 둘러싸여 있다.
- Ella está rodeada **por la policía**.
  그녀는 경찰에 포위되어 있다.
- Ella fue rodeada **por la policía**.
  그녀는 경찰에 포위되었다.

ser amado de…, ser temido de…, ser odiado de… 등과 같이 amar, odiar, querer, respetar, desear, envidiar, temer 등과 같은 동사에서는 de를 자주 사용한다. 그러나 반드시 de만 사용하는 것은 아니며, 회화체에서는 por를 많이 사용한다.

3.10.3. 서술보어의 기능

문장의 주어나 목적어로 사용된 명사구와 동사를 동시에 서술하는 명사, 형용사, 전치사구를 가리킨다.

- Alberto llegó **cansado**.
  알베르또는 피곤한 상태로 도착했다.
- El entrenador vio a los jugadores **cansados**.
  코치는 선수들이 지친 것을 보았다.
- Eligieron a mi padre **presidente**.
  나의 아버지를 회장으로 선출했다.
- Pintaron al actor **desnudo**.
  그 배우를 누드로 그렸다.

위의 첫 번째 문장에서 cansado는 주어인 Alberto와 동사 llegó

를 동시에 서술하는 보어이다. 두 번째 문장에서 cansados는 직접목적어 los jugadores를 수식하는 보어이다. 즉 주어를 수식하는 서술보어와 직접목적어를 수식하는 서술보어가 있다.

1 주격 서술보어

서술보어는 ser · estar가 아닌 연계(연결)동사와 함께 있는 한정사(atributo: 형용사처럼 속성 · 성질 등을 나타내는 요소)이다. 즉 ser · estar를 제외한 다른 동사 뒤에 형용사가 오는 경우를 말한다. 이 경우에 서술보어는 주어를 수식하는 형용사이므로 주어의 성 · 수에 일치해야 한다.

한정사	Mis padres son **felices**. 나의 부모님은 행복하시다. Mis padres están **felices**. 나의 부모님은 행복하시다.
서술보어	Mis padres se encuentran **felices**. 나의 부모님은 행복하시다. Mis padres viven **felices**. 나의 부모님은 행복하게 살고 계시다. Mis padres parecen **felices**. 나의 부모님은 행복해 보인다. Mis padres se sienten **felices**. 나의 부모님은 행복하다고 느끼신다. Mis padres andan **felices**. 나의 부모님은 행복하게 지내신다. Mis padres se hallan **felices**. 나의 부모님은 행복하시다. Mis padres se creen **felices**. 나의 부모님은 행복하다고 믿는다.

- Las fiestas resultaron **aburridas**.
  파티는 지루하게 끝났다.

- Ella vive **sola**.
  그녀는 혼자 살고 있다.
- Juan llegó **cansado**.
  후안은 피곤한 상태로 도착했다.
- Esperaban **tranquilos** la llegada del profesor.
  그들은 선생님의 도착을 조용하게 기다리고 있었다.
- Mi familia descansa **tranquila**.
  나의 가족은 평안하게 쉬고 있다.
- Mi vecina se presentó ayer en casa **muy apenada**.
  나의 이웃집여자는 어제 매우 슬픈 표정으로 집에 나타났다.
- Ayer acabamos todos **muy cansados**.
  어제 우리는 매우 피곤한 상태로 모든 것을 완성했다.

2 목적격 서술보어

직접목적어의 자질을 표현하는 명사, 형용사, 형용사구 등을 가리킨다. 목적어의 성・수에 일치해야 한다.

- Eligieron a Enrique **presidente.**
  그들은 엔리께를 회장으로 선출했다.
- Mi padre encontró a sus nietos **muy crecidos**.
  나의 아버지는 손자들이 매우 큰 것을 아셨다.
- Hemos visto **cansados** a los jugadores del equipo.
  우리는 그 팀의 선수들이 피곤하다는 것을 알았다.
- Mis hijos consideraron **justa** mi propuesta.
  나의 자식들은 나의 제안이 공평하다고 생각했다.
- Los alumnos encontraron **rotos** los cristales de la clase.
  학생들은 교실 유리창이 깨진 것을 발견하였다.
- A mi hermano le han visto **delgado**.
  그들은 나의 형이 여윈 것을 보았다.

- A los compañeros los vimos **muy tristes**.
  우리는 동료들이 매우 슬퍼하는 것을 보았다.
- Vieron al jugador **cansado**.
  그들은 그 선수가 지친 것을 보았다.
- Pintaron al actor **con bigote**.
  그들은 그 배우를 수염이 있는 상태로 그렸다.

3.10.4. 전치사구

전치사를 동반하여 구문적 기능을 가진 성분을 '전치사구'라고 한다. 모든 문장 성분이 전치사를 동반하는 것은 아니다. 주어, 한정사(atributo), 동격, 호격은 전치사를 동반하지 않는다. 그러나 다음과 같은 성분은 전치사를 동반한다.

(1) 타동사의 직접목적어가 특정인이거나 의인화된 사물인 경우에 전치사 a를 사용한다.

- Yo quiero **a mi amigo**. 나는 내 친구를 사랑한다.
- Mi vecina busca **a su hija**. 나의 이웃은 딸아이를 찾고 있다.
- Siguió **al gato** el perro. 개가 고양이를 따라갔다.
- El adjetivo modifica **al sustantivo**. 형용사는 명사를 수식한다.

(2) 간접목적어는 항상 전치사 a, para를 동반한다.

- Ayer trajeron este regalo **a/para mi hijo**.
  어제 그들은 나의 아들에게 이 선물을 갖고 왔다.
- Voy a dar este coche **a Elena**.
  나는 이 차를 엘레나에게 줄 것이다.
- **A todos** os gustará mi proyecto.
  너희들 모두는 나의 계획을 좋아할 것이다.

(3) 상황보어는 모든 전치사의 사용을 허용한다.

- Felipe trabaja **en casa**.
  펠리뻬는 집에서 일하고 있다.
- Me castigaron **por mi comportamiento**.
  그들은 나의 행동 때문에 나를 벌주었다.
- El edificio se ha construido **con el dinero público**.
  그 건물은 공공자금으로 건축되었다.
- Hoy me he dejado las gafas **en clase**.
  오늘 나는 안경을 교실에 두었다.

(4) 명사보어는 전치사구를 형성한다.

- café **con leche** 밀크커피
- profesor **de español** 스페인어 선생님
- un libro **de poesía amorosa** 연애시집

(5) 행위자보어는 전치사 **por**, **de**를 동반한다.

- La ciudad fue destruida **por el enemigo**.
  도시는 적군에 의하여 파괴되었다.
- La novela Guerra y Paz fue escrita **por Tolstoi**.
  소설 『전쟁과 평화』는 톨스토이에 의하여 써졌다.
- La noticia es conocida **por/de todos**.
  그 뉴스는 모두에 의하여 알려져 있다.
- Su simpatía era conocida **de todos**.
  그의 친절은 모두에게 알려져 있었다.

(6) suplemento는 항상 전치사와 함께 구성된다.

- Coincidí ayer **con tus primos**.
  어제 나는 너의 사촌들을 만났다.
- Todos los padres piensan **en el triunfo de sus hijos**.
  모든 부모들은 자식들의 성공을 생각하고 있다.
- Se lamentan **de lo sucedido**.
  그들은 발생한 일을 유감스럽게 생각한다.
- Todos nos preocupamos **de/por tu estudio**.
  우리 모두가 너의 공부를 걱정하고 있다.
- Mañana pienso olvidarme **de todo**.
  내일 나는 모든 것을 잊을 생각이다.
- Los hijos se olvidan pronto **de los consejos paternos**.
  자식들은 아버지의 충고를 곧 잊는다.

(7) 서술보어는 일부 경우에 전치사를 동반하기도 한다.

- Me puse **de mal humor**.
  나는 기분이 나빠졌다.
- Pintaron a Isabel **con gafas**.
  그들은 안경 쓴 이사벨을 그렸다.
- Pintaron a los alumnos **con bigotes**.
  그들은 학생들을 수염이 있는 상태로 그렸다.

4. 단 문

4. 단 문

4.1 의미에 따른 단문의 유형

문장은 화자가 의사전달의 목적으로 사용하는 언어 단위이다. 그래서 실제 의사전달의 행위를 분석할 때, 어떤 의미가 표현되어 있는지를 관찰할 수 있다. 모든 의미의 유형을 완전하게 말할 수는 없지만, 일반적으로 다음과 같이 구분할 수 있다.

- 평서문(Oraciones enunciativas)
- 의문문(Oraciones interrogativas)
- 감탄문(Oraciones exclamativas)
- 의심문(Oraciones dubitativas)
- 명령문(Oraciones imperativas)
- 기원문(Oraciones desiderativas)

이러한 의미에 따라 문장을 구분할 수 있으며, 이것은 일반적으로 문법에서 일반화된 구분이다.

4.1.1. 평서문(oraciones enunciativas)

화자가 문장의 내용을 객관적으로 진술하는 문장으로, 동사의 표현이 현실적·객관적인 경우에 사용되는 문장형식이다. 동사의 직설법 시제가 사용된다.

- Hoy no ha salido todavía el sol.
  오늘은 아직 해가 뜨지 않았다.
- El tren sale a las siete y cuarto de la mañana.
  기차는 오전 7시 15분에 출발합니다.
- El día veintinueve de enero hubo huelga general en España.
  1월 29일 스페인에는 총파업이 있었다.
- La corrupción es una de las lacras de la política moderna.
  부패는 현대 정치의 결점 중 하나이다.

(1) 긍정문: 주어와 서술어가 객관적으로 일치하는 경우에 직설법이 사용된다.

- Todos los días sale el sol. 해는 매일 뜬다.
- Ana lee todos los días el periódico. 아나는 매일 신문을 읽는다.

(2) 부정문: 주어와 서술어가 객관적으로 일치하지 않는 경우에 사용된다.

- No llueve todos los días. 매일 비가 오지 않는다.
- Luis no juega al fútbol. 루이스는 축구를 하지 않는다.

긍정문은 특별한 문장 형식을 요구하지 않지만, 부정문은 **no, nunca**, **nadie**, **nada**, **jamás** 등과 같은 부정어를 동반하는 것이 특징이다. 가장 많이 사용되는 부정어는 부사 no이다.

- Este libro **no** tiene dibujos.
  이 책은 그림이 없다.
- Los niños **no** deben ser perezosos.
  아이들은 게으르면 안 된다.
- En toda la noche **no** hemos podido pegar ojo.
  우리는 밤새도록 눈도 붙일 수 없었다. (한 잠도 자지 못했다.)

다른 언어와는 달리, 스페인어에서 이중부정은 긍정이 아니라 강한 부정이 된다.

- No haré eso. [부정] 나는 그것을 하지 않을 것이다.
- **No** haré eso **nunca**. [강한 부정] 나는 그것을 절대 하지 않겠다.
- **Nunca jamás** haré eso. [강한 부정]
- Eso **no** lo haré **nunca jamás**. [강한 부정]

- **No** viajaré contigo **jamás**. 나는 너와 함께 절대 여행하지 않겠다.
- **Nunca** viajaré contigo.

예외적인 경우에 두 개의 부정어가 사용된 문장이 긍정을 나타내는 경우가 있다. 이 현상은 **[no+sin]**이 사용된 경우이다.

- Jorge trabaja **no sin esfuerzo**. (con esfuerzo)
  호르헤는 열심히 일한다.
- Sin embargo, lo consiguió **no sin ayuda**. (con ayuda)
  그럼에도 불구하고, 그는 지원을 받아 그것을 성취했다.

부정이나 분리를 의미하는 접두사를 가진 형용사를 수식하는 부정의 부사가 사용된 경우에 유사한 현상이 나타난다.

- un pueblo no deshabitado 사람이 사는 마을
- un comportamiento no anormal 정상적인 행동
- una misión no imposible 가능한 임무

이 경우에 중립화된 부정의 의미가 항상 긍정의 의미를 갖는 것은 아니다. 예를 들면, 다음 두 문장은 의미가 같지 않다.

- una costumbre no impopular 평판이 나쁘지 않은 습성
- una costumbre popular 평판이 좋은 습성

또한 긍정의 형태를 가진 문장이 부정의 의미를 갖는 경우가 있다. 'poca importancia'의 의미를 가진 bledo(아주 하찮은 것), comino(가치가 없는 것), pepino(오이), pimiento(후추) 등과 같은 어휘를 포함한 문장은 부정의 의미를 갖는다.

- Lo que tú digas me importa **un bledo**.
  네가 말하는 것은 나에게 별로 중요하지 않다.
- Me importa **un comino** que tú me grites.
  네가 소리친다 해도 나는 별 상관없다.
- Me importa **un pimiento**. (Me da igual.)
  나는 똑 같다. (별 상관없다.)
- No se me da **un bledo** de ello. (No me importa.)
  나는 아무 상관없다.

4.1.2. 의문문(oraciones interrogativas)

화자가 완전히 모르거나 부분적으로 모르는 것을 질문하기 위하여 사용되는 문장 형식이다.

- ¿Qué día es hoy?
  오늘은 무슨 요일입니까?
- ¿Queréis venir conmigo al fútbol?
  너희들 나와 함께 축구 보러 갈래?
- ¿Cuándo me vas a comprar la motocicleta?
  너는 언제 나에게 오토바이를 사줄래?

1 직접의문문과 간접의문문

의문문은 직설법 시제의 동사로 구성된다. 표현 형식에 의하여 직접의문문과 간접의문문으로 구별할 수 있다.

(1) 직접의문문: 의문부호(¿ ?) 사이에 있는 의문문을 말하며, 화자가 직접적으로 상대방에게 질문하는 형식이다.

- ¿Vienes conmigo? 나와 함께 가겠니?
- ¿Qué tienes en la mano? 너는 손에 무엇을 갖고 있니?
- ¿Quién ha escondido el tenedor? 누가 포크를 숨겼지?
- ¿Cuántas asignaturas has aprobado? 너는 몇 과목을 합격했니?
- ¿Sabes a qué hora es el partido? 경기가 몇 시인지 알고 있니?

(2) 간접의문문: 의문부호가 없는 의문문으로, '말하다', '생각하다' 등을 나타내는 동사(decir, contar, pensar, preguntar 등)와 함께 구성된다. 그래서 화자가 상대방에게 표현하는 질문은 간접적인 형식이 된다.

- Dime qué tienes en esa mano.
  그 손에 무엇을 갖고 있는 나에게 말해라.
- Cuéntame si vienes conmigo.
  네가 나와 함께 갈지 (나에게) 말해라.
- Decidme si vais a ir a la discoteca este fin de semana.
  너희들이 이번 주말에 디스코텍에 갈 것인지 나에게 말해라.
- Pregúntale a tu hermana cuántas asignaturas ha aprobado.
  네 동생이 몇 과목이나 합격했는지 물어봐라.

질문의 대상자가 동일한 대화 상태에 있지 않은 경우에, 간접의문문을 사용하여 질문을 할 수 있다.

- Cuando veas a su amigo, pregúntale cuál es su profesión.
  그의 친구를 만나게 되면, 그의 직업이 무엇인지를 물어봐라.

또한 간접의문문은 직접의문문이 상대방에게 초래할 수 있는 거부감을 완화하고 대화를 부드럽게 해주는 효과를 나타내기도 한다.

- ¿Qué te pasa? 무슨 일이야?
- Cuéntame qué te pasa. 무슨 일인지 나에게 말해줘.

- ¿Cuántos años tienes? 몇 살이지?
- Dime cuántos años tienes. 몇 살인지 말해줘.

형식적으로, 간접의문문은 복문(oración compleja)을 형성한다. 간접의문문에서 의문을 나타내는 문장은 주절에 종속된 명사절이 된다.

2 전체 의문문과 부분 의문문

의문문의 질문 범위에 따라 전체 의문문과 부분 의문문으로 구분될 수 있다. 즉 형태・내용적인 면에서 sí나 no의 대답을 요구하는 전체 의문문과 의문사를 동반하는 부분 의문문으로 구분된다.

- ¿Ha venido tu padre? [전체 의문문]
  너의 아버지는 오셨니?
- ¿Quién ha venido? [부분 의문문]
  누가 왔니? (누군가가 온 것은 알고 있다.)

(1) 전체 의문문(interrogativas totales): 전체 내용에 대하여 질문하는 경우에 사용되는 의문문으로, 의문사를 동반하지 않는다. 직접의문문이나 간접의문문의 형식을 취한다.

- ¿Tienes tiempo? [직접의문문] 시간 있니?
- Dime si tienes tiempo. [간접의문문] 시간 있는지 말해줘.

- ¿Ha llamado alguien, mamá? [직접의문문]
  엄마, 누군가 전화했나요?
- Pregúntale a papá si ha llamado alquien. [간접의문문]
  누군가가 전화를 했는지 아빠에게 물어보렴.

- ¿Tienes novelas policiales en casa? [직접의문문]
  집에 탐정소설 갖고 있니?
- Dime si tienes novelas policiales en casa. [간접의문문]
  집에 탐정소설 갖고 있는지 말해라.

(2) 부분 의문문(interrogativas parciales): 언급된 내용의 일부분에 대하여 질문하는 의문문 형식이다. 예를 들어 ¿Quién ha venido? 라는 질문은 이미 누군가 온 사실은 알고 있고 온 사람이 누구인지를 묻는 것이다. 즉 일부의 사실은 알고 있고 다른 일부의 사실에 대하여 묻는 의문문이다. 이 부분 질문은 항상 qué, cuál, quién, cuánto, dónde, cómo, cuándo 등과 같은 의문사를 동반한다. 이 의문사에 화자가 몰라서 질문하는 부분이 들어 있는 것이다. 다음과 같이 직접의문문이나 간접의문문의 형식을 취한다.

- ¿Qué quieres tomar? [직접의문문] 무엇을 마시고 싶니?
- Dime qué quieres tomar. [간접의문문] 무엇을 마시고 싶은지 말해.

- ¿Quién ha llamado, mamá? [직접의문문]
  엄마, 누가 전화했어요?
- Pregúntale a papá quién ha llamado. [간접의문문]
  누가 전화를 했는지 아빠께 여쭤봐라.

- ¿Adónde iréis de vacaciones este verano?
  너희들은 이번 여름에 어디로 휴가를 갈 것이니?
- ¿Cuándo mc vas a devolver el dinero prestado?
  나에게 빌린 돈 언제 갚을 거니?
- ¿Quién de los que están en la foto es tu novio?
  사진에 있는 사람들 중에 누가 너의 남자친구이지?
- Pregúntale cuándo acaba el plazo dc matrícula.
  등록기간이 언제 끝나는지 그에게 물어봐라.
- Pregúntales a tus amigos si van a venir con nosotros.
  네 친구들에게 우리와 함께 갈 것인지 물어봐라.
- Dime qué me vas a regalar.
  나에게 무엇을 선물할 것인지 말해줘.

4.1.3. 감탄문(oraciones exclamativas)

감정, 놀람, 찬양 등을 나타내는 문장 형식이다. 문형은 의문문과 같지만 억양이 다르고 감탄부호가 사용된다.

- ¡Qué guapa eres! 너 정말 예쁘구나!
- ¡Qué contento estoy hoy! 나는 오늘 정말 만족한다!
- ¡Qué agradable resulta tu plática! 너의 이야기는 정말 즐거웠어!
- ¡Qué bonito es vivir en paz! 평화 속에 사는 것이 얼마나 아름다운가!

감탄문에서 동사는 대개 직설법 시제를 취한다. 대부분의 경우에서 감탄문은 평서문의 변형된 형태에 불과하다.

- Esta clase es muy aburrida. [평서문] 이 수업은 매우 지루하다.
- ¡Qué aburrida es esta clase! [감탄문] 이 수업은 얼마나 지루한지!

- Todos tenéis buenos coches. [평서문]
  너희들은 모두 좋은 차를 갖고 있다.
- ¡Qué buenos son los coches que tenéis! [감탄문]
  너희들이 갖고 있는 차들이 얼마나 좋은지!

- Ayer llevaba tu madre un vestido muy elegante. [평서문]
  어제 너의 어머니께서는 매우 우아한 옷을 입고 계셨다.
- ¡Qué elegante era el vestido que llevaba tu madre! [감탄문]
  어제 너의 어머니께서 입고 계셨던 옷이 얼마나 우아했던지!

- El Real Madrid juega muy mal al fútbol últimamente. [평서문]
  레알마드리드 팀은 최근에 축구경기를 매우 형편없이 한다.
- ¡Qué pésimamente juega al fútbol el Real Madrid! [감탄문]
  레알마드리드 팀은 축구경기를 어찌나 형편없이 하는지!

감탄문은 평서문과 비교할 때, 감탄부호(¡ !)와 감탄사 qué가 사용되고, 문장에서 어순이 바뀌고, 감탄문의 억양을 가진다는 점이 다르다. 또한 화자가 주관적인 감정을 표현하는 경우에 감탄문이 단축된 형태로 나타나는 경우도 있다. 그래서 감탄문은 다음과 같이 두 종류로 구분된다.

(1) 분석적 감탄문: 문장의 형식을 나타내는 감탄문 형식이다.

- ¡Qué contento estoy! 나는 얼마나 만족한지!
- ¡Qué susto me has dado! 네가 나를 얼마나 놀라게 했는지!
- ¡Qué chasco me he llevado! 나는 정말 실망했다!
- ¡Qué daño me has hecho! 네가 얼마나 나에게 상처를 주었는지!
- ¡Cuánto te quiero, hijo! 아들아! 나는 정말 너를 사랑한단다!

(2) 종합적 감탄문: 의미적으로는 분석적 감탄문과 유사하지만, 매우 짧게 단축된 형식을 취한다. ¡Ah!, ¡Oh!, ¡Ay!, ¡Uf! 등과 같은 감탄사로 표현되기도 한다

- ¡Hijo mío! 나의 아들아!
- ¡Madre mía! 맙소사!
- ¡Santo dios! 신이시여!
- ¡Mecachis! 제기랄!, 빌어먹을!

4.1.4. 의심문(oraciones dubitativas)

동사의 내용에 대한 '의심'이나 '의혹'을 표현하는 경우에 사용되는 문장으로, 대부분의 경우에 동사는 접속법 시제를 취하지만, 경우에 따라 직설법을 사용하기도 한다. 직설법 미래 시제는 '추측'이나 '가능성'을 표현한다.

- Serán las siete. 아마 7시일 거야.
- Tal vez sean las siete.
- Probablemente sean las siete.
- Quizá venga esta tarde. 아마 오늘 오후에 올 것이다.

의심문에는 **probablemente, quizás, tal vez, a lo mejor, acaso**

등과 같은 '의심'을 표현하는 부사를 사용한다. 경우에 따라 '의심'과 '가능성'을 가리키는 문장을 구별하기도 하는데, 여기서는 두 경우를 모두 의심문에 포함하여 다룬다.

- Ya han dado las nueve, chicos. [확언]
  얘들아, 시계가 이미 9시를 쳤다.
- Ya habrán dado las nueve, chicos. [의심]
  얘들아, 시계가 이미 9시를 쳤을 거야.
- Quizás hayan dado ya las nueve, chicos. [의심]
  얘들아, 시계가 이미 9시를 쳤을지도 몰라.

- Creo que no vendrá. [확언] 나는 그가 오지 않을 것이라 믿는다.
- No creo que venga. [의심] 나는 그가 온다고 믿지 않는다.

- Viene mañana. [확언] 그는 내일 온다.
- **Puede que** venga mañana. [의심] 그는 내일 올지 몰라.

- **Acaso** esté enfermo José. [의심] 아마 호세는 아플지도 몰라.
- Estará enfermo José. [추측] 아마 호세는 아플 거야.

- **Tal vez** llegue hoy. [의심] 그는 아마 오늘 도착할지도 모른다.
- Llegará hoy. [추측] 그는 오늘 올 것이다.

- **Quizás** venga a verme esta tarde mi madre.
  아마 오늘 오후에 나의 어머니께서 나를 보러 오실지 모른다.
- Vendrá a verme esta tarde mi madre.
  오늘 오후에 나의 어머니께서 나를 보러 오실 것이다.

- **Tal vez** fueran las diez cuando sucedió el accidente.
- Serían las diez cuando sucedió el accidente.
  사고가 일어난 시간은 아마 10시였을 거야.

- **Quizás** son diez los alumnos aprobados en el examen.
- Serán unos diez los alumnos aprobados en el examen.
  시험에 붙은 학생은 아마 10명일 거야.

- **Acaso** fuera tu padre el que me lo contó.
- Es posible que fuera tu padre el que me lo contó.
  나에게 그것을 말해준 사람은 아마 너의 아버지일 거야.

문형에 따라 직설법이나 접속법이 사용된다. 따라서 다음과 같은 문장은 동일한 의미지만 문형이 다양하게 구성된다.

- **Quizás** venga mañana. 그는 아마 내일 올 것이다.
- **Quizás** viene mañana.
- **Puede que** venga mañana.
- **A lo mejor** viene mañana.
- **Vendrá** mañana.

'의심'을 나타내는 동사구 **[deber de+부정사]**(…일 것이다, …에 틀림없다)와 '의무'를 나타내는 **[deber+부정사]**(…해야 한다)를 구별해야 한다.

- El profesor **debe de** estar en el jardín. [의심]
  선생님은 아마 정원에 계실 겁니다.
- El profesor **debe** estar en el jardín. [의무]
  선생님은 정원에 계셔야 합니다.

- **Deben de** obedecer a sus padres. [의심]
  그들은 부모님께 복종할 것이다.
- **Deben** obedecer a sus padres. [의무]
  그들은 부모님께 복종해야만 한다.

- El libro **debe de** costar unos veinte euros, dijo el profesor.
  책의 가격은 20유로 정도 될 것이라고 선생님이 말씀하셨다.
- El libro **debe** costar veinte euros, dijo el autor.
  책의 가격은 20유로가 되어야 한다고 저자가 말했다.

4.1.5. 명령문(oraciones imperativas)

명령문은 화자가 명령이나 요청을 표현하는 경우에 사용하는 문장 형식이다.

- Ponte de pie. 일어서라.
- Abre la puerta. 문을 열어라.
- Dime la verdad. 나에게 사실을 말해라.
- Volved pronto a casa. 너희들 빨리 집으로 돌아가라.
- No digas esto a nadie. 이것을 아무에게도 말하지 마라.
- No hagáis ruido en clase. 수업시간에는 떠들지 마라.
- No os dejéis engañar por nadie. 아무에게도 속지 마라.
- No entréis en lugares peligrosos. 위험한 장소에는 들어가지 마라.
- No fumen en los lugares públicos. 공공장소에서는 흡연하지 마세요.

평서문의 문장 형식도 명령을 의미하는 경우가 있다. 이 경우는 명령이나 요청이 기원문으로 표현된 것이다. 즉 명령, 요청, 기원은 모두 화자의 희망을 나타내기 때문이다.

- Cállate. [명령] 너는 조용히 해라.
- Deseo que te calles. [기원] 나는 네가 조용하기 바란다.
- Desearía que te callaras. [기원] 나는 네가 조용했으면 좋겠다.

긍정명령문은 보통 명령법 형태의 동사로 구성된다. '…하지 마라'라는 의미의 부정명령문은 접속법 시제의 동사로 구성된다.

- **Habla** tú en voz alta. 큰 소리로 말해라.
- No **hables** en voz alta. 큰 소리로 말하지 마라.

- **Ven** a mi casa mañana. 내일 우리 집에 오게.
- No **vengas** a mi casa mañana. 내일 우리 집에 오지 말게.

- **Corra** usted. 뛰세요.
- No **corra** usted. 뛰지 마세요.

- **Siéntate** aquí. 앉아라.
- No **te sientes** aquí. 앉지 마라.

- **Ponte** el chandal. 운동복을 입어라.
- No **te pongas** el chandal. 운동복을 입지 마라.

다른 표현 형식이 명령문으로 사용될 수 있다.

(1) [a+부정사]

- A callar todos. 모두 조용히 해라.
- A comer inmediatamente, chicos. 얘들아, 바로 식사해라.
- A hacer los deberes ahora mismo. 지금 당장 할 일을 해라.

전치사 a없이 부정사만 사용하는 것은 부정확한 것이지만 구어체 언어에서 자주 사용된다.

- Callar todos. 모두 조용히 해라.
- Comer inmediatamente, chicos. 얘들아, 바로 식사해라.
- Hacer los deberes ahora mismo. 지금 당장 할 일을 해라.

또한 무인칭 형태로 명령문이 구성될 수도 있다.

- Se prohíbe fumar. 금연.
- No fumar. 금연.
- No tocar, peligro de muerte. 접촉금지, 사망위험.

(2) 현재분사

구어체 언어에서는 현재분사를 사용한 표현 형식을 자주 사용한다.

- Caminando todos. 모두들 걸어라.
- Callándose ahora mismo. 지금 당장 조용히 하세요.

(3) 직설법 미래 시제

직설법 미래시제가 명령법에 사용되면 가장 강력한 명령을 의미한다.

- No matarás. 살인하지 말지어다.
- No robarás. 도둑질하지 말지어다.
- No codiciarás los bienes ajenos. 타인의 재물을 탐내지 말지어다.

(4) 직설법 현재시제

- Tú haces esto ahora. 너는 지금 이것을 해라.
- Tú te vas de clase ahora mismo. 너는 지금 당장 교실에서 나가라.
- Tú te vas ahora mismo de aquí. 너는 지금 당장 여기서 나가라.

(5) 의문문 형태

- ¿Quieres callarte? 조용히 좀 해줄래?
- Cállate. 조용히 해.

- ¿Qué haces? 무엇을 하는 거지?
- No hagas eso. 그것을 하지 마라.

4.1.6. 기원문(oraciones desiderativas)

기원문은 화자가 희망을 표현하기 위하여 사용하는 문장형식이다. 이 문장형식에는 다음과 같이 다양한 형식이 있다. 문장형식은 다르지만 그 의미는 동일하다.

나는 네가 항상 행복하기를 바란다. 아들아.
Que seas siempre feliz, hijo mío. Deseo que siempre seas feliz, hijo mío. Ojalá seas siempre feliz, hijo mío. Me gustaría que fueras siempre feliz, hijo mío. Dios quiera que seas siempre feliz, hijo mío.

- Deseo que seáis felices.
  너희들이 행복하기를 바란다.

- Que te vaya bien todo.
  모든 일이 잘 되기 바란다.
- Ojalá nos toque la lotería.
  우리가 복권에 당첨되면 얼마나 좋을까.
- Ojalá venga pronto mi novio de la mili.
  남자친구가 군대에서 빨리 오면 좋겠다.
- Que vengan todos a comer, por favor.
  제발 모두가 식사하러 오면 좋겠다.
- Que no se entere tu padre de lo sucedido.
  일어난 일을 너의 아버지가 모르시면 좋겠는데.
- Me gustaría pasar las vacaciones de verano en Cancún.
  나는 여름방학을 깐꾼에서 보낼 수 있으면 좋겠다.

접속법 시제의 동사로 구성되고, 또 희망을 강조하기 위하여 ojalá, Dios quiera que… 등과 같은 어휘 요소를 사용하기도 한다.

- Ojalá no llueva mañana. 내일 비가 오지 않으면 좋겠다.
- Ojalá ganemos el partido. 우리가 경기를 이기면 좋겠다.

스페인어 전통문법에서 이러한 기원문을 실현가능성의 정도에 따라 두 종류로 구분하기도 한다.

(1) 실현가능성이 있는 경우

- ¡Ojalá haya llegado ya! 벌써 도착했으면 좋겠는데.
- ¡Ojalá apruebe este examen! 이 시험에 합격하기를 바란다.

(2) 실현가능성이 적은 경우

- ¡Así no lo hubiera oído! 그가 그것을 듣지 않았더라면 좋았을 텐데!

- ¡Ojalá volviera Napoleón! 나폴레옹이 돌아온다면 얼마나 좋을까!
- ¡Ojalá me hubiera tocado la lotería! 내가 복권에 당첨되었다면 좋을 텐데!

위의 여러 예문에서 볼 수 있듯이, 감탄부호가 첨가되기도 하는데, 이것은 기원문의 의미를 강조하는 효과를 나타낸다.

- ¡Ojalá no caigas enfermo!
  네가 병에 걸리지 않으면 좋겠다!
- ¡Ojalá apruebes todo en junio!
  네가 6월에 모두 합격하면 좋겠다!
- ¡Ojalá no haya más guerras en el mundo!
  세상에 더 이상 전쟁이 없으면 좋겠다!

4.2 서술어에 따른 단문의 유형

술어의 성격에 따라, 즉 서술어가 명사술어인지, 동사술어인지에 따라, 명사술어문을 품질문(cualitativa)이라 하고, 동사술어문을 서술문(predicativa)이라고 한다.

- Juan está enfermo. [명사술어문]
  후안은 아프다.
- Mi hijo es un buen chico. [명사술어문]
  나의 아들은 착한 소년이다.
- Antonio trabaja todos los días. [동사술어문]
  안또니오는 매일 일한다.
- El niño maneja el ordenador con maestría. [동사술어문]
  어린아이가 숙련된 솜씨로 컴퓨터를 다룬다.

4.2.1. 명사 술어문: 품질문(cualitativa)

1 SER · ESTAR의 사용

명사나 형용사에 의하여 주어의 품질, 자질을 나타내는 문장을 말한다. 일반적으로 동사 ser와 estar와 함께 구성되는데 유사 연계동사가 사용되기도 한다. 품질문의 특징적 요소는 주어, 명사적 술어, 그리고 연계동사 ser와 estar이다.

- Mi hijo es médico. [hijo = médico]
  나의 아들은 의사이다.
- Mi amigo es japonés. [amigo = japonés]
  나의 친구는 일본인이다.
- Mi madre es inteligente. [madre = inteligente]
  나의 어머니는 현명하시다.

일반적으로 품질문에서는 명사 술어가 동사 ser와 estar를 통하여 주어의 자질을 가리키고 있다.

- El niño **está** enfermo.
  아이가 아프다.
- El soldado **está** herido.
  군인이 부상을 당했다.
- La noche **está** oscura y fría.
  밤은 어둡고 춥다.
- La noche **ha sido** tranquila.
  밤은 조용했다.
- La fuente de mi pueblo **está** seca.
  우리 마을의 샘은 말라 있다.

- Mi madre **era** una buena persona.
  나의 어머니는 좋은 분이셨다.
- La gente de mi pueblo **es** bien educada.
  우리 마을 사람들은 가정교육을 잘 받은 사람들이다.
- Los jugadores del equipo catalán **están** deprimidos.
  까딸루냐 팀의 선수들은 풀이 죽어 있다.
- El día de tu último cumpleaños **fue** inolvidable.
  너의 마지막 생일날은 잊을 수가 없다.

품질문에서 주어와 서술어를 연결해주는 동사 ser와 estar 대신에 다른 유사 동사가 사용될 수 있다. 유사 동사로는 **parecer**, **llegar**, **andar**, **resultar**, **vivir** 등이 자주 사용된다. 이외에 **hallarse**, **ponerse**, **considerarse** 등도 사용된다.

- Este niño **se cree** valiente.
  이 아이는 용감하다고 생각한다.
- Los alumnos **se encuentran** ilusionados.
  학생들은 환상에 빠져 있다.
- El conductor **resultó** ileso en el accidente.
  그 사고에서 운전자는 무사했다.
- Mis hijos **se encuentran** satisfechos.
  나의 아이들은 만족하고 있다.
- Hoy el día **se encuentra** despejado.
  오늘은 날이 맑게 개었다.
- Mis padres **se encuentran** preocupados por mi futuro.
  나의 부모님은 나의 미래에 대하여 걱정하고 계신다.
- Mi compañero de trabajo **parece** tonto.
  나의 직장동료는 바보 같아 보인다.
- Los jugadores **se encontraban** satisfechos después del partido.
  경기 후에 선수들은 만족한 상태였다.

- Los niños de este país **parecen** contentos.
  이 나라의 아이들은 만족스러워 보인다.
- Los vecinos de mi barrio **se hallan** alterados.
  우리 동네의 이웃들은 불안해하고 있다.
- Los hombres trabajadores **viven** felices.
  부지런한 사람들은 행복하게 살고 있다.

2 SER와 ESTAR의 차이

대부분의 언어에서 연계동사가 하나인데 반하여, 스페인어에는 ser와 estar, 두 개의 동사가 존재하기 때문에, 특별한 문장 구조를 갖고 있다. 또한 ser와 estar의 구별과 사용이 분명하지 않은 경우도 있다. ser와 estar의 구별 기준은 다음과 같다.

(1) 동사 ser는 지속적인 자질을 나타내고, estar는 일시적인 상태를 나타낸다.

- La niña es guapa. 그 여자아이는 예쁘다.
- La niña está guapa. 그 여자아이가 지금 예쁘다.

- La casa es oscura. 그 집은 어둡다.
- La casa está oscura. 그 집은 어두운 상태이다.

지속적인 자질과 일시적인 상태를 구별하는 의미적 기준은 명확하지 않은 경우가 있다. Luis está muerto에서 muerto는 지속적인 자질임에도 불구하고, 동사 estar가 사용된다.

- Luis es muerto.*
- Luis está muerto. 루이스는 죽었다.

(2) 동사 ser는 불완료성 자질을 언급하고, estar는 완료적 상태를 언급한다.

- La fruta es saludable. 과일은 건강에 좋다.
- La fruta está madura. 과일은 다 익었다.

- La solución del problema es clara. 문제 해결은 명확하다.
- La solución del problema está clara. 문제 해결은 명확한 상태이다.

(3) ser는 선천적이고 실체적인 자질을 언급하고, estar는 후천적으로 부가된 자질을 언급한다.

- Los vecinos son nerviosos. 이웃주민들은 예민한 사람들이다.
- Los vecinos están nerviosos. 이웃주민들은 예민해져 있다.

- El café es amargo. 커피는 쓰다.
- El café está amargo. (지금) 커피가 쓴 상태이다.

- La nieve es blanca. 눈은 하얗다.
- La nieve está blanca. 눈은 하얀 상태이다. (아무도 밟지 않은 상태)

- Tu novia es muy guapa. 너의 여자 친구는 매우 예쁘다.
- Tu novia está muy guapa. 너의 여자 친구는 (지금) 매우 예쁘다.

'El café es amargo(커피는 쓰다)'는 커피의 본질을 말하는 것이고, '커피가 쓴 상태'는 우리가 설탕을 충분히 넣지 않았기 때문에 '지금은 쓰다'라고 말하는 것이다.

여러 이유로 두 동사의 용법을 정확하게 구별하는 것은 어려운 일이다.

- La reunión fue muy lúcida. 모임은 매우 명쾌했다.
- La reunión estuvo muy lúcida.

주격보어가 명사인 경우에는 ser동사만 사용된다.

- Antonio es médico. 안또니오는 의사이다.
- Su hermana es ingeniera. 그의 여동생은 공학자이다.
- Mis padres son aquellos. 나의 부모님은 저 분들이다.
- Las chicas son mexicanas. 그 소녀들은 멕시코 사람이다.

동사 estar 뒤에는 명사가 올 수 없는데, 일부의 경우에 명사가 오는 것은 이 명사가 형용사의 의미를 가진 경우이다.

- Tu hijo está fenómeno. 너의 아들은 대단하다.
- Tu hermana está bomba. 너의 여동생은 정말 예쁘다.
- Tu amigo está pez. 너의 친구는 아무 것도 모른다. (no sabe nada)

한편, 일부 형용사는 ser와 estar에 따라서 그 의미가 변하는 경우도 있다.

- Ser bueno 성격이 좋다
- Estar bueno 건강이 좋다

- Ser malo 성격이 나쁘다
- Estar malo 건강이 나쁘다

- Ser listo 지혜롭다
- Estar listo 준비되어 있다

4.2.2. 동사 술어문: 서술문(predicativa)

동사술어문은 주어의 자질을 표현하는 것이 아니고, 동사를 통하여 주어의 행위를 표현하는 문장을 가리킨다.

- Los padres quieren a sus hijos.
  부모들은 자식을 사랑한다.
- El niño jugaba al fútbol por las tardes.
  아이는 매일 오후에 축구를 한다.
- El perro de mi vecino ladra por la noche.
  내 이웃의 개는 밤에 짖는다.
- Mis amigos se preocupan de mí.
  나의 친구들은 나를 걱정한다.

화자가 주어의 행동을 표현하기 위하여 서술어를 사용하는 경우를 말한다. 즉 주어의 상태를 표현하는 것이 아니라 주어의 행동을 표현하는 것이다.

- Escribe las cartas con el ordenador.
  그는 컴퓨터로 편지를 쓴다.
- Los alumnos hacen muchas preguntas al profesor.
  학생들은 선생님께 질문을 많이 한다.
- El policía pidió la documentación a todos los jóvenes.
  경찰은 모든 젊은이들에게 증명서를 요구했다.

서술어는 서술동사와 함께 설명된다. 경우에 따라 동사 ser와 estar가 서술어로 사용될 수 있지만, 원칙적으로 동사 ser와 estar

가 서술어로는 그리 많이 사용되지 않는다. ser와 estar가 서술어로 사용되는 경우는 다음과 같다.

- **Son** las cuatro. 4시입니다.
- El accidente **fue** a las cuatro. 사고는 4시였습니다.
- La conferencia **es** hoy a las cuatro. 강연회는 오늘 4시입니다.
- La clase **fue** en la segunda planta. 수업은 2층이었습니다.
- Esto **es** por vuestro bien. 이것은 너희들의 부를 위한 것이다.
- Esto siempre **será** para vosotros. 이것은 항상 너희들을 위한 것이다.
- El señor **es** contigo. 그분이 너와 함께 하신다.
- Pilar **está** en clase. 삘라르는 수업 중이다.
- Mi primo **está** de camarero en un hotel.
  나의 사촌은 호텔 웨이터로 있다.
- Ella **estará** quince días en el hospital.
  그녀는 병원에 15일 동안 입원할 것이다.
- Mi padre **está** con un libro en las manos en esa fotografía.
  그 사진에서 나의 아버지는 손에 책을 들고 계신다.

명사 술어와 동사 술어가 동일한 동사로 표현되는 경우가 있기 때문에 명사 술어와 동사 술어의 구별이 항상 명확하지는 않다.

- Jorge está enfermo. [명사술어] 호르헤는 아프다.
- Jorge está en casa. [동사술어] 호르헤는 집에 있다.

- Jorge vive feliz. [명사술어] 호르헤는 행복하게 살고 있다.
- Jorge vive en Toledo. [동사술어] 호르헤는 똘레도에 살고 있다.

- Juan anda triste. [명사술어] 후안은 쓸쓸해 보인다.
- Juan anda por el parque. [동사술어] 후안은 공원을 걸어 다닌다.

이와 같이, 서술문은 술어동사와 함께 구성되는데 이 술어동사는 동사 술어의 의미적 핵을 구성한다.

- Antonio **dio** clases en un instituto de Madrid.
  안또니오는 마드리드의 학원에서 강의를 했다.
- Los jugadores de baloncesto **ganaron** el trofeo.
  농구 선수들은 트로피를 받았다.
- Ellos **hacen** todos los días prácticas en el laboratorio.
  학생들은 매일 실험실에서 실험을 한다.
- Mi hermano **trabaja** en Barcelona.
  나의 형은 바르셀로나에서 일하고 있다.
- Mis padres **están** en casa.
  나의 부모님은 집에 계신다.
- Mis padres **vendrán** a la fiesta de mi cumpleaños.
  나의 부모님은 내 생일 파티에 오실 것이다.

서술문은 능동문과 수동문으로 구분할 수 있다.

- El enemigo destruyó la ciudad. [능동문]
  적군은 도시를 파괴하였다.
- La ciudad fue destruida por el enemigo. [수동문]
  도시는 적군에 의하여 파괴되었다.

- Antonio ama a la hija de mi vecino. [능동문]
  안또니오는 내 이웃의 딸을 사랑한다.
- La hija de mi vecino es amada por Antonio. [수동문]
  내 이웃의 딸은 안또니오로부터 사랑받는다.

그 외에, 표현된 술부의 구성요소의 의미적 관계에 의하여 자동사문과 타동사문으로 구분되기도 한다.

(1) 자동사문: 목적어 없이 동사만으로 주어의 행동을 표현할 있는 문장으로, 이 문장에는 자동사가 사용된다.

- Luis **vive** en Madrid.
  루이스는 마드리드에 살고 있다.
- Yo no **intervengo** en este asunto.
  나는 이 사건에 간섭하지 않는다.
- La miseria **existe** aún en nuestra sociedad.
  우리 사회에는 아직도 빈곤이 존재한다.
- Mis colegas **comen** en el comedor escolar.
  나의 동료들은 학교 식당에서 식사를 한다.
- Las huelgas **repercuten** en la economía.
  파업은 경제에 반영된다.

(2) 타동사문: 타동사문은 문장의 의미를 표현하기 위해서는 동사의 행동 과정뿐만 아니라 직접목적어를 통한 행동의 대상도 필요로 한다. 이 문장에는 타동사가 사용된다.

- Ha **escondido la llave** en la nevera.
  그는 열쇠를 냉장고에 숨겼다.
- Felipe **arregla la bicicleta** en casa.
  펠리뻬는 집에서 자전거를 수리한다.
- Mi hija **saca muy buenas notas**.
  나의 딸은 매우 좋은 성적을 받는다.
- **Comunicaremos la nueva noticia** a todos.
  우리는 모두에게 좋은 소식을 알려줄 것이다.
- Las vacaciones **producen satisfacción y alegría**.
  휴가는 만족과 즐거움을 준다.
- Yo **debo añadir algo** a eso.
  나는 그것에 무언가를 첨가해야 한다.

- Por los altavoces **anunciaron su huida**.
  그들은 확성기를 통하여 그의 도주를 알렸다.

1 능동문(oraciones activas)

능동문은 주어가 동사의 행동을 실현하는 문장형식으로, '경찰이 도둑을 잡았다', '아이가 우유를 마신다', '사냥꾼이 토끼를 잡다' 등과 같은 문형을 가리킨다. 여기서 행동을 표현하는 동사를 '능동사'라고 한다. 즉 '능동사'는 주어가 제 힘으로 행하는 동작을 나타내는 동사이며, '만수가 친구를 업다', '아이가 밥을 먹다', '사냥꾼이 토끼를 잡다' 따위에서 '업다', '먹다', '잡다' 등을 말한다. 능동문의 특징적 요소는 행위자 주어(sujeto agente)와 능동사이며, 직접목적어나 간접목적어, 혹은 술어보어가 함께 있는 경우도 있다.

- Los alumnos viajarán mañana a París.
  학생들은 내일 파리로 여행할 것이다.
- El soldado elevaba la bandera en el asta.
  병사는 깃대에 깃발을 올리고 있었다.
- Tuvo que arreglar el asunto mi amigo.
  나의 친구는 그 사건을 해결해야만 했다.

의미적 · 구문적 관계에 따라서, 능동문은 타동사문, 자동사문, 재귀문, 상호문, 무인칭문 등이 될 수 있다.

- Antonio escribe cartas. [타동사문]
  안또니오는 편지를 쓰고 있다.
- Luis trabaja todos los días. [자동사문]
  루이스는 매일 일한다.

- Pili se mira en el espejo. [재귀문]
  삘리는 거울을 본다.
- Mi novio y su madre se odian. [상호문]
  나의 남자친구와 그의 어머니는 서로 미워한다.
- Había muchos antocares aparcados en la acera. [무인칭문]
  보도에는 차가 많이 주차되어 있었다.

1. 타동사문(oraciones transitivas)

타동사문은 직접목적어와 함께 구성되는 문장이다. 타동사가 사용된 능동문이며, 동사의 행위의 대상인 직접목적어를 필요로 한다. 예를 들면, '¿Qué hace Elena?(엘레나는 무엇을 합니까?)' 라는 질문에 대하여, escribir(쓰다)라는 행동뿐만 아니라 escribir cartas(편지를 쓰다)라는 행동의 대상까지도 대답해야 한다.

- Ayer mi mujer tenía tos.
  어제 나의 아내는 기침을 하고 있었다.
- Todos los alumnos hicieron el examen.
  모든 학생들은 시험을 보았다.
- Ayer vimos a tu hermano en la plaza.
  어제 우리는 광장에서 너의 형을 만났다.
- Señale el error de las siguientes frases.
  다음 문장에서 틀린 점을 지적하시오.
- Le sacaron una muela sin anestesia.
  그의 어금니를 마취 없이 뽑았다.
- No me eches la culpa de todo.
  모든 것의 잘못을 내 탓으로 돌리지 마라.
- A nosotros siempre nos olvidan.
  그들은 항상 우리들을 잊는다.
- Mi padre me trajo vino de la tierra de sus abuelos.
  아버지께서 나에게 할아버지 고향의 포도주를 가져다 주셨다.

- Alguien me condujo por unas escaleras hasta el piso de arriba.
  누군가 나를 계단을 통하여 위층까지 안내했다.
- Los he visto muy interesados en ese proyecto.
  나는 그들이 그 계획에 많은 관심을 갖는 것을 보았다.

일부 동사는 자체적으로 타동사나 자동사가 되는 것이 아니라, 직접목적어가 있으면 타동사로 사용되고, 직접목적어가 없으면 자동사로 사용된다.

- Juana **estudia** todos los días. [자동사]
  후아나는 매일 공부한다.
- Juana **estudia** español e inglés. [타동사]
  후아나는 스페인어와 영어를 공부한다.

- Juan **come** en casa. [자동사]
  후안은 집에서 식사한다.
- Juan **come** pescados en casa. [타동사]
  후안은 집에서 생선을 먹는다.

- Mi madre **canta** muy bien. [자동사]
  나의 어머니는 노래를 매우 잘 하신다.
- Mi madre **canta** canciones los días de fiesta. [타동사]
  나의 어머니는 축제 기간에 노래를 하신다.

- Luis **pintó** en la pared de la iglesia. [자동사]
  루이스는 교회 벽에 그림을 그렸다.
- Luis **pintó** un cuadro a su madre. [타동사]
  루이스는 자기 어머니의 그림을 그렸다.

- La profesora **hablaba** con los alumnos favoritos. [자동사]
  여선생은 자신이 좋아하는 학생들과 말하곤 했다.
- La profesora **hablaba** cinco idiomas. [타동사]
  여선생은 5개 국어를 구사했었다.

- El delincuente **disparó** contra todos los presentes. [자동사]
  범인은 현장에 있던 모든 사람에게 발사했다.
- El delincuente **disparó** seis balas. [타동사]
  범인은 여섯 발을 발사했다.

항상 자동사로만 사용되는 동사가 있는 반면에, 거의 항상 타동사로만 사용되는 동사도 있다. 이경우의 타동사는 직접목적어 없이는 완전한 의미를 갖지 못하기 때문이다.

(a) 자동사: brillar, caminar, fluir, existir, nacer, palidecer, etc.
(b) 타동사: hacer, tener, dar, matar, castigar, romper, odiar, etc.

'내부목적어'를 허용하는 일부 동사들은 실질적인 의미 변화 없이 자동사나 타동사로 사용될 수 있다.

- Yo vivo. 나는 생활하고 있다.
- Yo vivo la vida. 나는 생활을 하고 있다.

- Yo escribo a mi padre. 나는 아버지께 편지 쓰고 있다.
- Yo escribo una carta a mi padre. 나는 아버지께 편지를 쓰고 있다.

- Soñé con el premio gordo de la lotería. 복권 1등 당첨 꿈을 꾸었다.
- Ayer yo soñé sueños extraños. 어제 나는 이상한 꿈을 꾸었다.

- Yo camino todos los días. 나는 매일 걷는다.
- Yo camino el camino de la vida. 나는 인생의 길을 걷고 있다.

2. 자동사문(oraciones intransitivas)

직접목적어 없이 구성된 문장으로, 자동사와 함께 구성된다. 직접목적어가 없어도 완전한 의미를 갖는다.

- Yo nací en un pueblecito de la provincia de Cataluña.
  나는 까딸루냐 지방의 한 마을에서 태어났다.
- En el jardín de mi casa crecen flores.
  우리 집 정원에는 꽃이 자라고 있다.
- Juan trabaja mucho para su madre.
  후안은 자신의 어머니를 위하여 열심히 일한다.
- Teresa come en casa todos los días.
  떼레사는 매일 집에서 식사한다.
- Alfonso se va para su pueblo.
  알폰소는 자신의 고향으로 떠난다.
- Los muchachos bailaron hasta que se cansaron.
  젊은이들은 지칠 때까지 춤을 추었다.
- Mis alumnos vienen todos los días a clase.
  나의 학생들은 매일 수업에 온다.
- Los espectadores se divirtieron mucho.
  관객들은 매우 즐겼다.
- A mi colega le huelen los pies.
  내 동료의 발에서 냄새가 난다.
- A nadie le amarga un dulce.
  단 것은 누구에게도 쓰지 않다.
- A mí me apetece ahora un buen bocadillo.
  나는 지금 맛있는 보까디요가 먹고 싶다.

- Reinaba un gran silencio en ese momento.
  그 순간에 무거운 침묵이 흘렀다.

3. 재귀문(oraciones reflexivas)

재귀문은 타동사문이 변형된 문장 형식이다. 이 문장의 특징은 행위를 실현하는 주어와 행동을 받는 목적어가 일치한다는 점이다.

- Yo despierto a los niños. 나는 아이들을 깨운다.
- Me despierto muy temprano. 나는 매우 일찍 잠을 깬다.

- Él va a casar a su hijo. 그는 자신의 아들을 결혼시키려 한다.
- Va a casarse el año que viene. 그는 내년에 결혼할 것이다.

- Ella sienta a su hijo aquí. 그녀는 자신의 아들을 여기에 앉힌다.
- El niño se sienta aquí. 그 아이는 여기 앉는다.

문장의 의미를 기준으로 재귀문을 직접 재귀문과 간접 재귀문으로 구분할 수 있다.

(1) 직접 재귀문: 재귀대명사로 표현된 직접목적어가 주어와 일치하는 문장을 말한다. 재귀대명사 se가 '자기 자신을'을 의미한다.

José se afeita por la mañana. [se(자신을)가 직접목적어]
　　호세는 아침에 (자신을) 면도한다.

José se peina más de diez veces al día. [se(자신을)가 직접목적어]
　　호세는 하루에 열 번 이상 머리를 빗는다.

- Me he cortado un poco. 나는 조금 베었다.
- Juan se pintó en un cuadro. 후안은 그림에 자신을 그렸다.
- Se miraba en el espejo. 그는 거울을 보고 있었다.
- Ella se sentó cerca de la salida. 그녀는 출구 근처에 앉았다.
- Ella se levanta a las seis de la mañana. 그녀는 아침 6시에 일어난다.

(2) 간접 재귀문: 재귀대명사로 표현된 간접목적어가 주어와 일치하는 문장을 말한다. 재귀대명사 se가 '자기 자신에게'를 의미한다.

José se afeitó ayer el bigote. [se(자신에게)가 간접목적어] 호세는 어제 (자신에게) 콧수염을 면도했다.
José se peina el flequillo con el peine. [se(자신에게)가 간접목적어] 호세는 빗으로 (자신에게) 앞머리를 빗는다.

- Me he cortado el dedo.
  내 손가락을 베었다.
- Se lava todos los días las manos.
  그는 매일 손을 씻는다.
- Se lavaba la cara con agua fría.
  그는 찬물로 얼굴을 씻고 있었다.
- Se miraba en el espejo el ojo lesionado.
  그는 거울에서 상처 입은 눈을 바라보고 있었다.
- Mi madre se ha pintado las uñas de color rojo.
  어머니는 빨간색으로 손톱을 칠하셨다.

이외에, 재귀문은 문법적 재귀문과 형식적 재귀문으로 구분할 수 있다.

(1) 문법적 재귀문: 이 문장이 진정한 재귀문이라 할 수 있다. 주어와 목적어가 일치하기 때문에, 동사의 행동을 실현하는 주어가 되고, 동시에 행동을 받는 목적어가 된다.

- Los estudiantes se levantan muy temprano.
  학생들은 매우 일찍 일어난다. (자신들을 일으킨다)
- El que llega primero se sienta en la primera fila.
  먼저 도착하는 사람이 첫 번째 줄에 앉는다. (자신을 앉힌다)
- Mi gatito se tiró desde la terraza.
  나의 고양이가 테라스에서 뛰어내렸다.
- Mis hijos se bañan todos los veranos en el mar.
  우리 아이들은 여름마다 바다에서 수영을 한다.

(2) 형식적 재귀문: 재귀문장은 아니면서 형태가 재귀문장과 같은 문장을 말한다. 다음 문장에서 se(me, te, se)는 주어와 일치하는 목적어가 아니라 동사의 의미를 변화시키는 역할을 한다.

- Yo me voy ahora. 나는 지금 떠납니다.
- ¡Vámonos todos a la fiesta! 우리 모두 축제에 가자.
- Tú no te arrepientes de nada. 너는 아무것도 후회하지 않는다.
- El niño se comió toda la tarta. 아이는 케이크를 다 먹어치웠다.
- Ella se marchó para su pueblo natal. 그녀는 고향으로 떠났다.
- Todos se fueron corriendo de aquí. 모두 여기서 뛰어 나갔다.
- De pequeña, te caías a menudo. 너는 어렸을 때 자주 넘어졌다.

그 외 다른 경우에서는 형태적으로는 재귀문이지만, 재귀대명사가 항상 필요하지 않기 때문에. 대명사 se를 사용해도 되고 사용하지 않아도 된다.

- Mi padre pasea por el parque. 나의 아버지는 공원을 산책하신다.
- Mi padre se pasea por el parque.

- El niño aprende la química. 아이는 화학을 배운다.
- El niño se aprende la química.

- Juan teme lo peor. 후안은 최악을 두려워한다.
- Juan se teme lo peor.

이 경우의 동사들은 '이해의 se'를 동반하는데, 이 동사들은 자신의 관심, 이해관계 등을 갖고 동사의 행위를 실현하는 것을 가리킨다.

재귀동사 중에는 직접목적어를 필요로 하는 재귀동사가 있다. 재귀대명사 se가 부가되지만 완전한 자동사가 되지 않고 se가 간접목적어가 되고 다른 직접목적어를 필요로 하는 동사를 말한다.

ponerse (옷, 신발, 장신구 등을) 입다, 쓰다
quitarse (옷, 신발, 장신구 등을) 벗다, 빼다
limpiarse (자신의 몸으로부터 무엇을) 닦다

- Me pongo el sombrero al salir de casa.
  외출할 때 나는 모자를 쓴다.
- Me pongo el abrigo porque hace frío.
  날씨가 추워 나는 외투를 입는다.
- Al entrar en la habitación, me quito el abrigo.
  방에 들어갈 때 나는 외투를 벗는다.
- Se quitó la vida voluntariamente.
  그는 스스로 목숨을 끊었다.

- Me limpio el sudor.
  나는 땀을 닦는다.
- Me limpio los dientes.
  나는 이를 닦는다.

4. 상호문(oraciones recíprocas)

상호문은 재귀문이 변형된 문장 형식이다. 상호문에서는 행동을 하고 행동을 받는 주어가 항상 복수라는 점이 재귀문과 다르다. 여기서 '상호'는 동사가 표현하는 행동을 실현하고 동시에 행동을 받아들이는 주어가 여럿이라는 점을 말한다.

- Juan quiere a Ana. [타동사문] 후안은 아나를 사랑한다.
- Ana quiere a Juan. [타동사문] 아나는 후안을 사랑한다.
- Juan y Ana **se** quieren. [상호문] 후안과 아나는 서로 사랑한다.

- Juan tutea a Pepe. [타동사문] 후안은 뻬뻬에게 반말을 한다.
- Pepe tutea a Juan. [타동사문] 뻬뻬는 후안에게 반말을 한다.
- Juan y Pepe **se** tutean. [상호문] 후안과 뻬뻬는 서로 반말을 한다.

- Felipe escribe cartas a Elena. [타동사문]
  펠리뻬는 엘레나에게 편지를 쓴다.
- Elena escribe cartas a Felipe. [타동사문]
  엘레나는 펠리뻬에게 편지를 쓴다.
- Felipe y Elena **se** escriben cartas. [상호문]
  펠리뻬와 엘레나는 서로에게 편지를 쓴다.

재귀문과 마찬가지로 상호문도 **직접상호문**과 **간접상호문**으로 구분된다.

(1) 직접상호문: 상호의 대명사가 직접목적어로 작용하는 문장을 말한다.

- Sara y Alfonso **se** besan muy a menudo. [직접목적어]
  사라와 알폰소는 매우 자주 (서로를) 키스한다.
- Sara y Alfonso **se** llaman muy a menudo. [직접목적어]
  사라와 알폰소는 매우 자주 (서로를) 전화를 한다.

- **Nos** abrazamos en la despedida.
  우리는 작별할 때 서로 포옹했다.
- El profesor y los alumnos **se** tutean.
  선생님과 학생들이 서로 말을 편하게 한다.
- Los jugadores **se** golpearon en presencia del árbitro.
  선수들은 심판 앞에서 서로 치고 받았다.
- **Nos** vimos desde la terraza de nuestros pisos.
  우리는 아파트 테라스에서 서로 바라보았다.
- **Se** insultaron gravemente.
  그들은 심하게 서로 욕을 했다.
- **Se** conocieron en verano y a los tres meses se casaron.
  그들은 여름에 알았고 3개월 후에 결혼했다.

(2) 간접상호문: 상호의 대명사가 간접목적어로 작용하는 문장을 말한다.

- Sara y Alfonso **se** dan besos a menudo. [간접목적어]
  사라와 알폰소는 (서로에게) 자주 키스를 한다.
- Sara y Alfonso **se** escriben cartas a menudo. [간접목적어]
  사라와 알폰소는 (서로에게) 자주 편지를 쓴다.

- **Se** hacen la cama unos a otros.
  그들은 서로에게 잠자리를 챙겨준다.

- **Se** pasan la pelota los unos a los otros.
  그들은 서로에게 공을 패스한다.
- **Se** dieron patadas durante todo el partido.
  그들은 경기 내내 서로 발길질을 했다.
- **Se** miraban las cicatrices de sus heridas con curiosidad.
  그들은 호기심을 갖고 서로 상처의 흉터를 바라보고 있었다.

5 무인칭문(oraciones impersonales)

무인칭문은 주어는 없고 서술어만 있는 문장 형식이다.

- Hace frío aquí. 여기는 날씨가 춥다.
- Ayer nevó mucho en Moscú. 어제 모스크바에는 눈이 많이 내렸다.
- Había muchos niños en el patio. 안뜰에 아이들이 많이 있었다.
- Se ve a los animales tras el muro. 성벽 뒤로 동물들이 보였다.
- Me han robado el coche. 나는 자동차를 도난당했다.

무인칭 문장에는 날씨의 무인칭문, 변형된 무인칭문, 재귀무인칭문, 3인칭 복수의 무인칭문 등의 네 종류가 있다.

(1) 날씨의 무인칭문: 주어 없이 자연의 기후 현상을 언급하는 문장 형식이다.

- Este año ha llovido poco.
  금년에는 비가 별로 오지 않았다.
- Nevaba intensamente esta mañana.
  오늘 아침에 눈이 세차게 내렸었다.
- En verano anochece más tarde que en invierno.
  여름에는 겨울보다 더 늦게 어두워진다.

이 문장은 주어 없이, **llover**, **nevar**, **helar**, **tronar**, **amanecer**,

anochcer, **relampaguear** 등과 같은 단일인칭 동사로 구성된다.

(2) 변형된 무인칭문: 다른 문장에서는 무인칭으로 사용되지 않는 동사로 구성되며, 주어가 없는 문장 형식이다. 기본적으로 **haber**, **hacer**, **ser**가 사용된다.

- Es temprano todavía. 아직 이르다.
- Ya es muy tarde. 이제 매우 늦었다.
- En esta clase hace mucho calor. 이 교실은 매우 덥다.
- Hace mucho frío. 날씨가 매우 춥다.
- Hay fiestas en el pueblo. 마을에 축제가 있다.
- Hay muchas mesas en la clase. 교실에 책상이 많이 있다.
- Hubo muchos accidentes este fin de semana.
  이번 주말에 사고가 많았다.
- Hubo lluvias abundantes en Corea el mes pasado.
  지난 달 한국에 비가 많이 내렸다.
- En las perreras hay muchos animalitos abandonados.
  개집에 버려진 동물들이 많이 있다.

가설적 주어를 가진 구조로부터 무인칭 형태를 갖게 되기까지, 문법화나 변형 과정을 겪었기 때문에 '변형된 무인칭문'이라 한다. 앞에서 본 예에서 가정적인 주어를 설정해볼 수 있다.

- Hay fiestas en el pueblo. 마을에 축제가 있다.
- (La gente) tiene fiestas. (사람들이) 축제를 연다.

- Hace mucho frío. 날씨가 매우 춥다.
- (El tiempo, Dios...) hace mucho frío. (날씨, 신 등) 추위를 만든다.

- Es temprano todavía. 아직 이르다.
- (El momento referido) es temprano. (언급된 순간이) 이르다.

이와 같은 예문에서 가정적인 주어가 의미적으로 정확하지 않고, 논리적으로 합당하지 않기 때문에, 화자는 무인칭형태로 표현하는 것이다.

(3) 재귀무인칭문: 언급된 내용이 무인칭이라는 점을 분명하게 표현하려는 의도로 사용되는 문장이다. 재귀수동문이 변형된 문장 형식으로 볼 수 있다.

- A los ladrones se los ha visto por la calle.
  거리에서 도둑들이 보였다.
- Se ve a los presos en el patio de la cárcel.
  감옥의 안마당에서 죄수들이 보인다.
- Se les ha dicho ya la noticia a todos los jugadores.
  모든 선수들에게 뉴스가 전해졌다.
- Se criticó sin motivos a los jugadores del equipo.
  이유 없이 그 팀의 선수들을 비난했다.
- Se habla de eso en todas partes.
  모든 곳에서 그것에 대하여 말한다.
- Se los veía a los alumnos preocupados.
  학생들이 걱정하는 모습이 보였다.
- Se veía una lucecita a lo lejos.
  멀리 작은 불빛이 보였다.
- Se habla mal por ahí de tu equipo favorito.
  거기서는 네가 좋아하는 팀에 대하여 나쁘게 말한다.
- Se alquilaba un piso amueblado en tu barrio.
  네 동네에 가구가 포함된 아파트를 임대하고 있었다.
- Se castigará duramente a los traficantes de droga.
  마약거래자들을 엄중하게 처벌할 것이다.

대부분의 용법에 있어서 형태적으로는 재귀수동문과 일치한다.

- Se vende piso. 아파트가 팔린다.
- Se alquila una habitación. 방이 임대된다.

위의 두 문장의 형태로 보면, piso와 habitación을 주어로 보면 재귀수동문이 되고, piso와 haboitación을 직접목적어로 보면 무인칭문이 된다. 대부분의 문법학자들은 이 문장을 재귀수동문으로 보려고 한다. 왜냐하면, 재귀수동은 스페인어의 우선적이고 고유한 문장형태이기 때문이다. 그러나 동사가 복수 형태인 경우에는 무인칭문으로 볼 수 없고, 수동문으로 볼 수밖에 없다. 무인칭문에서는 동사형태가 항상 3인칭 단수 형태를 취해야 하기 때문이다.

- Se venden pisos. 아파트들이 팔린다.
- Se alquilan dos habitaciones. 방 두 개가 임대된다.

위의 문장에서는 pisos와 habitaciones가 문장의 주어이기 때문에 재귀수동문이 되는 것이다. 따라서 동사형태가 3인칭 단수 형태이고 수동주어가 표현되지 않은 문장은 재귀무인칭문으로 존재하게 된 것이다.

- Se está bien. 잘 지낸다.
- Se vive bien. 잘 살고 있다.
- Se habla de eso. 그것에 대하여 말한다.
- Se admira a los valientes. 용감한 사람을 찬양한다.

의미적으로는 무인칭을 표현하지만, 형태적으로는 재귀수동문이 되는 문장이 있다.

- Se dice eso. 그것을 말한다.
- Se comenta la noticia. 뉴스를 비평한다.
- Se pensaba que vendría antes. 전에 올 것이라고 생각했었다.

(4) 3인칭 복수의 무인칭문: 주어가 정해지지 않았거나 불분명한 경우에 주어를 표현하지 않은 문장 형식이다.

- Nos castigaron. 우리는 벌을 받았다.
- Me han operado. 나는 수술을 받았다.
- Me cortaron el pelo. 나는 머리를 깎았다.
- Hablan mal de ti. 너에게 대하여 나쁘게 말한다.
- Dicen que tocan el piano. 그들은 피아노를 치고 있다고 말한다.
- Nos robaron todo lo que teníamos.
  우리는 갖고 있던 모든 것을 도난당했다.
- Se quejaban del temario de la asignatura.
  과목의 주제에 대하여 불평한다.
- Me pisaron el pie y me sacaron el zapato.
  나는 발을 밟혀서 구두 한 쪽이 벗겨졌다.

이 경우에 동사는 3인칭 복수 형태를 취하고, 주어가 생략된 형태의 문장이다. 이와 같은 문장에서는 문맥이나 상황을 통하여 주어를 추측할 수 있다.

2 수동문(oraciones pasivas)

수동문은 주어가 어떤 행동을 행하지 않고 행동을 받는 문장 형식을 말하며, '도둑이 경찰에 잡혔다', '아기가 엄마에게 업혔다' 등과 같은 문장을 말한다.

- Se venden libros. 책들이 팔린다.
- Se construyen las casas. 집들이 건축된다.
- Los libros son vendidos. 책들이 팔린다.
- Juan es amado por María. 후안은 마리아에게 사랑받는다.
- Los niños han sido vistos en la calle. 길에서 아이들이 보였다.
- La puerta fue abierta por el portero. 문은 수위에 의하여 열렸다.

수동문은 타동 능동문이 변형된 문장에 지나지 않는다. 그 문장에 의미와 형태의 변화가 발생한 것이다.

(1) **의미 변화:** 능동태는 동사의 의미가 주어에 의하여 발생되는 것이고, 수동태는 동사의 의미가 주어에 의하여 받아들여진다는 것이다.

- Ana lee el libro. [능동태] 아나는 그 책을 읽는다.
- El libro es leído por Ana. [수동태] 책은 아나에 의하여 읽혀진다.

(2) **형태 변화:** 능동태의 직접목적어는 수동태의 주어로 바뀐다. 능동태의 주어는 수동태의 행위자 보어로 바뀐다. 그리고 동사는 변경된 주어와 일치하고 수동형태 **[ser+과거분사]**를 취한다.

- Juan reparó el auto. [능동태] 후안이 차를 고쳤다.
- El auto fue reparado por Juan. [수동태] 차는 후안에 의해 고쳐졌다.

- Ana abre la puerta. [능동태] 아나는 문을 연다.
- La puerta es abierta por Ana. [수동태] 문은 아나에 의하여 열린다.

스페인어에서는 주로 능동태를 사용하고, 수동태는 거의 사용하지 않는다. 특히 구어체 언어에서는 거의 사용하지 않고 문어체에서만 약간 사용될 뿐이다. 심지어 어떤 문법학자는 스페인어에서 수동태의 존재를 부정하며, 수동태는 연계동사 ser와 과거분사의 연결구조에 불과하다고 말하기도 한다. 실제로 오래전부터 수동태는 문학작품과 문어체에서 제한적으로 사용되었고, 일반 대중언어에서는 주로 능동태 문형이 사용되었다. 스페인어 화자들은 '행위를 받는 수동자(수동태)'보다는 '행위자 주체의 활동(능동태)'을 표현하는데 중점을 두기 때문이다. 따라서 다음과 같은 문장에서는 주로 능동태 문장을 사용하고 수동태 문장은 거의 사용하지 않는다.

- El profesor me ha suspendido. [능동태]
  선생님이 나를 낙제시켰다.
- Yo he sido suspendido por el profesor. [수동태]
  나는 선생님에 의하여 낙제 당했다.

- Yo he conseguido un premio. [능동태]
  나는 상을 받았다.
- El premio ha sido conseguido por mí. [수동태]
  상은 나에 의하여 받아졌다.

- El agente multó al camionero. [능동태]
  경찰은 트럭운전기사를 벌금에 처했다.
- El camionero fue multado por el agente. [수동태]
  트럭운전기사는 경찰에 의하여 벌금에 처해졌다.

- Unos desconocidos atacaron al taxista. [능동태]
  낯선 사람들이 택시운전기사를 습격했다.
- El taxista fue atacado por unos desconocidos. [수동태]
  택시운전기사는 낯선 사람들에게 습격당했다.

1. 수동태: 고유의 수동문

수동태의 형태와 의미를 가진 문장이다. 즉 동사는 수동태의 형태를 취하고, 의미적으로 주어는 동사의 행동을 받는다.

- Los ladrones fueron vistos ayer.
  도둑들은 어제 눈에 띄었다.
- Este libro fue escrito por Cervantes.
  이 책은 세르반테스에 의하여 쓰였다.
- La noticia es ya conocida por todos.
  이 뉴스는 이미 모두에게 알려져 있다.
- El teléfono fue inventado por Alexander Graham Bell.
  전화는 알렉산더 그레햄 벨에 의하여 발명되었다.
- Los jugadores de fútbol son amados por todo el pueblo.
  축구선수들은 온 국민의 사랑을 받는다.

스페인어에서 수동태는 표현 방식에 의하여 제 1 수동과 제 2 수동으로 구분된다.

(1) 제 1 수동: 행위자보어가 표현되어 나타나 있는 수동태.

- La Mona Lisa fue pintada **por Leonardo da Vinci.**
  모나리자는 레오나르도 다빈치에 의하여 그려졌다.
- Los ladrones fueron capturados **por la policía**.
  도둑들은 경찰에 의하여 체포되었다.

- Las buenas noticias son conocidas **por todos**.
  좋은 뉴스는 모두에게 알려진다.
- La máquina de escribir ha sido sustituida **por el ordenador**.
  타자기는 컴퓨터로 대체되었다.
- La noticia ha sido anunciada por televisión **por unos policías**.
  뉴스는 몇몇 경찰에 의하여 TV를 통하여 발표되었다.

(2) 제 2 수동: 행위자 보어가 표시되어 있지 않는 수동태.

- Este libro fue publicado en el 2008.
  이 책은 2008년에 출판되었다.
- La derrota del equipo había sido anunciada.
  그 팀의 패배가 발표되었다.
- Por todos los sitios fue buscada la persona desaparecida.
  사라진 사람을 모든 장소에서 찾았다.
- El simposio fue clausurado hace unos días.
  심포지엄은 며칠 전에 폐회되었다.

2. 재귀수동문(oraciones pasivas reflejas)

주어가 동사의 행위를 받는 수동의 의미를 갖고 있지만, 동사가 수동태를 구성하는 수동태가 아니다. 즉 의미는 수동이지만 형태는 수동이 아니다. 주어가 사물인 경우에 능동태에 se를 첨가하여 수동문이 형성된 경우이다.

- **Se** hacen fotocopias. 복사 된다.
- **Se** venden pisos. 아파트가 팔린다.
- **Se** construyen las casas. 집들이 건축된다.
- **Se** corta el pelo a navaja. 머리카락이 칼로 잘린다.

재귀수동문은 스페인어에서 많이 사용되는 문형이다. 스페인 사람들은 주어가 행위자가 아니라 동사의 행위를 받는 자로 표현하기 위하여 주로 재귀수동을 사용하기 때문이다.

- Se venden pisos. [재귀수동] 아파트가 팔린다.
- Los pisos son vendidos. [수동태]

재귀수동은 3인칭 단수·복수 형태의 동사와 재귀수동을 표시하는 대명사 se로 구성된다.

- Se venden entradas. 입장권이 판매된다.
- Se arreglan coches. 자동차가 수리된다.
- Se cierran las puertas a las cinco. 문은 5시에 닫힌다.
- Se cometieron muchos errores. 실수가 많이 저질러졌다.
- Se limpian trajes de fiesta. 파티의상이 세탁된다.
- Se alquilan balones de fútbol. 축구공이 대여된다.
- Se hablan español y francés aquí.
  여기서는 스페인어와 프랑스어가 사용된다.
- Se prepararon los enseres necesarios para el viaje.
  여행에 필요한 도구가 준비되었다.
- A bajo precio se vendieron aquellos pisos.
  저 아파트들은 싼 값에 팔렸다.
- Se clausuró hace unos días el curso de verano.
  여름 학기가 며칠 전에 끝났다.
- Se hacían a escondidas pasaportes falsos.
  위조여권이 비밀리에 만들어졌다.
- Se divisaban a lo lejos aviones de combate.
  전투기들이 멀리서 보였다.
- Se han alquilado ya las últimas viviendas.
  최근에 지은 주택들이 이미 임대되었다.

- Se divulgan más rápidamente las noticias malas que las buenas.
  좋은 뉴스보다 나쁜 뉴스가 더 빨리 퍼진다.
- Se han cerrado las puertas de Europa a los emigrantes africanos.
  아프리카 이민자들에게 유럽의 문은 닫혔다.

재귀수동문도 고유의 수동태 문장처럼 행위자 보어를 동반할 수 있다.

- Se firmó la paz.
  평화협정이 조인되었다.
- Se firmó la paz **por los embajadores**.
  평화협정이 대사들에 의하여 조인되었다.

- Se venden bocadillos en la cafetería.
  보까디요는 까페떼리아에서 판매된다.
- Se venden bocadillos **por los camareros** en la cafetería.
  보까디요는 까페떼리아에서 웨이터에 의하여 판매된다.

그러나 재귀수동문에서 행위자보어를 표현하는 것은 그리 좋은 표현방식이 아니다. 따라서 재귀수동문은 행위자 보어 없이 무인칭의 의미로 사용하는 것이 일반적인 용법이다.

제5장 복 문

5. 복 문

5.1 단문과 복문

하나의 주어나 하나의 서술어를 가진 문장을 단문(oración simple)이라고 하고, 둘 이상의 주어와 서술어를 가진 문장을 복문(oración compuesta)이라고 한다. 단문과 복문의 형태적 차이는 명확하게 나타난다.

5.1.1. 단문(oración simple)

- El profesor explica todos los días la teoría.
  선생님께서는 매일 그 이론을 설명하신다.
- Los alumnos hablan con frecuencia en las clases.
  학생들은 강의실에서 자주 말한다.
- Los buenos alumnos deben estudiar mucho todos los días.
  착한 학생들은 매일 열심히 공부해야 한다.

5.1.2. 복문(oración compuesta)

- El profesor explica la teoría para que todos la entiendan.
  선생님은 모두가 이론을 이해할 수 있도록 이론을 설명하신다.
- Los alumnos no deben hablar en clase porque se distraen.
  정신이 산만해지기 때문에 학생들은 강의실에서 떠들면 안 된다.
- Mis hijos, que son muy estudiosos, aprueban todo.
  나의 자식들은 매우 열심히 공부하기 때문에 모두 합격한다.

일부 동사의 용법에 있어서, 부정사는 주절의 주어와 종속절의 주어가 같은 경우에 사용된다. 그러나 주절과 종속절의 주어가 다른 경우에는 접속사 que를 사용하여 절을 만들어야 한다. 따라서 부정사가 사용되는 경우는 단문이며, 접속사 que를 사용하여 새로운 절을 만든 경우는 복문이 된다.

- Quiero **estudiar** español. [단문]
  나는 스페인어를 공부하고 싶다.
- Quiero **que tú estudies español**. [복문]
  나는 네가 스페인어를 배우기를 원한다.

- Abro la puerta **para salir**. [단문]
  나는 나가려고 문을 연다.
- Abro la puerta **para que mi amigo salga**. [복문]
  나는 내 친구가 나가도록 문을 연다.

- Lo veré **antes de salir**. [단문]
  (내가) 외출하기 전에 나는 그를 만나겠다.
- Lo veré **antes de que salga**. [복문]
  (그가) 외출하기 전에 나는 그를 만나겠다.

NOTA

[antes de+동사원형] / [antes de que+주어+동사]

Lo veré antes de salir에서 salir의 주어는 주절의 주어와 같다. 그런데 동사 salir의 주어가 주절의 주어와 같지 않은 경우에는, 동사 salir에 새로운 주어를 부여하고 이 주어에 맞게 동사가 변화하여 새로운 절이 형성된다. 그리고 문장 안에서 새로운 절이 형성되면 그절 앞에 접속사 que를 사용해야 한다. 그리하여 [antes de+동사원형]에서 [antes de que]가 형성된 것이다. [para+동사원형]에서 [para que+주어+동사]가, [después de+동사원형]에서 [después de que+주어+동사]가 형성된 것도 같은 원리이다.

5.2 복문: 동등관계와 종속관계

복문은 두 개 이상의 단문이 결합하여 이루어진 문장을 말한다. 이 단문들의 상호관계는 다음과 같이 구분된다.

5.2.1. 동등관계(coordinación)

동등관계에서는 두 개 이상의 절이 각각 분리되어도 완전한 문장이 된다. 다음 문장에 밑줄 친 부분의 두 절은 각각 완전한 의미를 가지며, 각각 동등한 관계를 유지하고 있다고 볼 수 있다.

- Ellos comen y ellas descansan.
  그 남자들은 식사를 하고 그 여자들은 쉬고 있다.
- Ellos llegan a Sevilla y van a visitar la catedral.
  그들은 세비야에 도착해서 성당을 방문하려고 한다.
- Mi hermano trabaja de día y estudia de noche.
  나의 형은 낮에 일하고 밤에 공부한다.
- Mi padre lava los platos y mi madre pone la mesa.
  나의 아버지는 접시를 닦으시고 어머니는 상을 차리신다.
- Mis amigos han ganado el premio y se han ido.
  나의 친구들은 상을 받고 떠났다.
- Tus amigos han venido, pero no han ganado el premio.
  너의 친구들이 왔지만 그들은 상을 받지 못했다.
- No eres un genio, pero lo pareces.
  너는 천재가 아닌데 천재처럼 보인다.

- Vete y no mires atrás.
  떠나라. 그리고 뒤돌아보지 마라.

5.2.2. 종속관계(subordinación)

종속관계에서 두 절을 분리하면 두 절 중 하나는 완전한 의미를 가질 수 있지만, 다른 하나는 완전한 의미를 가질 수 없다. 즉 완전한 의미를 갖지 못하는 절은 완전한 의미를 가진 절에 의존하고 있다고 볼 수 있다. 다음 문장에서 진한 부분은 완전한 의미를 갖지 못하고 다른 절에 의존하고 있다. 따라서 이 두 절의 관계는 종속관계라 할 수 있고, 이 절을 종속절(proposiciones subordinadas)이라 한다.

- No salí **porque llovía mucho**.
  비가 많이 오고 있어서 나가지 않았다.
- **Aunque llueva**, iremos al cine.
  비록 비가 오더라도, 우리는 영화관에 갈 것이다.
- **Porque eres siempre tú**, te quiero.
  너는 한결같아서 나는 너를 사랑한다.
- **Los que sepan la solución**, que se callen.
  해답을 아는 사람들은 조용히 하기 바란다.
- **Si necesitas ayuda**, allí estaré yo.
  네가 도움이 필요하면 내가 그곳으로 갈 거야.
- **Si te portas bien**, te llevaremos al Parque de Atracción.
  네가 착하게 행동하면 너를 놀이공원에 데려갈 거야.
- Llovía tanto **que no pude acudir a tu fiesta**.
  비가 너무 많이 와서 너의 파티에 갈 수 없었어.
- Mi amigo no ha venido a clase **porque está enfermo**.
  내 친구는 아파서 수업에 오지 않았다.

- No te rías, **que no estoy para bromas.**
  웃지 마라. 나는 농담할 기분이 아니야.
- **Cuando cumplas veinte años**, te compraré un coche.
  네가 20세가 되면 너에게 차를 한 대 사줄 것이다.

5.3 복문의 유형

5.3.1. 동등병렬문(oraciones coordinadas)

1 연결문(copulativas)

긍정의 두 절이 연결접속사 **y**, **e**(i, hi로 시작되는 단어 앞에 사용)에 의하여 연결되었을 때 이 문장을 연결문이라 한다. 구어체 언어활동에서 가장 많이 사용되는 연결법이다. 부정의 두 절은 **ni**로 연결된다.

- Felipe trabaja de día **y** estudia de noche.
  펠리뻬는 낮에 일하고 밤에 공부한다.
- Luis vino **e** ingresó dinero.
  루이스가 와서 돈을 입금했다.
- Pepe come poco **y** Antonio bebe mucho.
  뻬뻬는 적게 먹고 안또니오는 술을 많이 마신다.
- Unos bebían **y** otros cantaban.
  몇몇은 술을 마시고 있었고 몇몇은 노래하고 있었다.
- Jorge no bebe **ni** come.
  호르헤는 마시지도 않고 먹지도 않는다.
- Juan no estudia **ni** trabaja.
  후안은 공부도 하지 않고 일도 하지 않는다.
- Alberto no tiene **(ni)** padre **ni** madre.
  알베르또는 아버지도 없고 어머니도 없다.

한편 접속사 y가 다른 의미를 나타내는 경우가 있다.

- Lo veo **y** no lo creo. [배반]
  그것을 보지만 그것을 믿지는 않는다.
- Ana copió el examen de su amiga **y** la suspenderán. [결과]
  아나는 친구의 시험지를 커닝해서 낙제될 거야.
- No le ha invitado nadie **y** se ha presentado a la fiesta. [양보]
  아무도 그를 초대하지 않았는데도 그는 파티에 참석했다.

접속사 ni는 부정문에서 사용되며, 부정의 의미를 강조하기 위하여 각 문장의 맨 앞부분에 사용되는 경우가 많다. 그래서 분배(distributivo)의 의미를 갖기도 한다.

- No quiere trabajar **ni** estudiar.
- **Ni** quiere trabajar **ni** estudiar.
  그는 일도 하기 싫고 공부도 하기 싫어한다.

- No tengo padre **ni** madre.
- **Ni** padre **ni** madre tengo yo.
  나는 아버지도 없고 어머니도 없다.

- **Ni** canta **ni** baila bien. 그는 노래도 못하고 춤도 못 춘다.
- **Ni** llueve **ni** luce el sol. 비도 오지 않고 해도 나지 않는다.
- **Ni** se casaron **ni** vivieron felices.
  그들은 결혼도 하지 않았고 행복하게 살지도 못했다.
- No parecen tristes **ni** (parecen) quejarse de su suerte.
  그들은 슬퍼보이지도 않고 자신의 운명에 불평하지도 않는 것 같다.
- **Ni** piensa **ni** hace cosa contraria al bien público.
  그는 공공의 이익에 반대되는 것을 생각도 하지 않고 행하지도 않는다.

NOTA

que가 연결접속사로 '강조'와 '반복'의 의미로 사용되는 경우도 있다.

Dale que dale. 계속 해라.
Corre que corre. 뛰고 또 뛰어라.
firme que firme 단단히

2 분리문(disyuntivas)

분리의 접속사 **o**, **u**(o로 시작하는 단어 앞에서 사용)를 사용하여 동등병렬문을 만든 문형이다. 분리문에서는 둘 중의 하나가 배제되어야 다른 하나가 효력을 갖게 되기 때문에, 분리를 의미하며 둘 중의 하나가 선택되는 것이다.

- ¿Llegas **o** te vas?
  도착하는 거야? 아니면 떠나는 거야?
- ¿Vas a estar conmigo **o** vas a salir?
  나와 함께 있을 거야? 아니면 나갈 거야?
- Escúchame, **o** vete a la calle.
  내말을 들어라. 아니면 밖으로 나가라.
- **O** juegas con tu hermano, **o** te castigaré.
  네 형과 놀든지 아니면 나에게 벌을 받던지.
- **O** arráncame el corazón **o** ámame.
  나에게서 심장을 뽑아내든지 아니면 나를 사랑해줘.
- Dilo ahora **o** calla para siempre.
  지금 그것을 말하든지 아니면 영원히 입을 다물어라.
- Llama por teléfono a tus padres **o** envíales una carta.
  네 부모님께 전화를 하든지 아니면 편지를 보내라.

접속사 o의 사용은 너무 빈번하기 때문에, 의미가 약화되거나 또 동등의 의미를 갖는 경우도 있다.

- Váyase usted al patio **o** váyase a la calle.
  안마당으로 가세요. 혹은 거리로 나가세요.
- Esto es la guerra **o** (esto es) la destrucción.
  이것은 전쟁이거나 혹은 파괴이다.
- Tráeme la cuerda **o** soga que está ahí.
  나에게 밧줄이나 여기 있는 굵은 줄을 가져와라.

3 분배문(distributivas)

문장에 표현된 사항들이 번갈아 가며 교체되는 문형으로 접속사나 부사구로 연결된다. 분배의 의미를 갖는 **ya··· ya, ora··· ora, bien··· bien, sea··· sea, unas veces··· y otras** 등이 문장의 맨 앞에 나온다.

- **Ya** estudia, **ya** trabaja.
  혹은 공부하든지 혹은 일을 한다.
- **Ya** en la paz, **ya** en la guerra, mi vida es lucha.
  평화시나 전시나 내 인생은 투쟁이다.
- **Ora** trabaja en el taller, **ora** trabaja en casa.
  혹은 공장에서 일하든지 혹은 집에서 일을 한다.
- **Unas veces** me quiere, **otras**, me odia.
  그는 때로는 나를 좋아하고 때로는 나를 미워한다.

위와 같은 접속사 외에, **unos··· otros, este··· aquel, aquí··· allí, cerca··· lejos, antes··· ahora** 등과 같이, 대명사나 부사가 문장의 맨 앞에 사용되기도 한다.

- **Unos** nacen, **otros** mueren.
  누군가는 태어나고 누군가는 죽는다.
- **Unos** dicen que sí, **otros** dicen que no.
  누군가는 '네'라고 대답하고, 누군가는 '아니오'라고 대답한다.
- **Unos** llegan, **otros** se quedan en el camino.
  몇 사람은 도착하고 다른 사람은 거리에 남아 있다.
- **Estos** mandan, **aquellos** obedecen.
  이 사람들은 명령하고 저 사람들은 복종한다.
- **Este** buscaba a su hijo, **aquel** a su madre.
  이 사람은 아들을 찾고 있고 저 사람은 어머니를 찾고 있다.
- No los confundas; **este** es médico, **aquel** es abogado.
  그들을 혼동하지 마라. 이 사람은 의사이고 저 사람은 변호사이다.
- **Aquí** se ríe, **allí** se llora.
  여기서는 웃고 거기서는 울고 있다.
- **Allí** ganaba, **aquí** perdía; era imprevisible.
  거기서는 이기고, 여기서는 패했다. 예측불허였다.
- **Aquí** descansaba, **allí** trabajaba mucho.
  여기서는 휴식을 취했고, 거기서는 열심히 일했다.
- **Lejos** no vemos nada, **cerca** molesta la luz.
  멀리서는 아무것도 보이지 않고 가까운 곳에서는 빛이 괴롭힌다.
- **Antes** era del Madrid, **ahora** soy del Barcelona.
  나는 전에 마드리드 팀 소속이었고, 지금은 바르셀로나 팀 소속이다.

4 배반문(adversativas)

배반문은 전체적으로나 부분적으로 상반되는 두 절이 연결된 문장 형식이다. 따라서 두 개의 행위가 상반되면서도 공존하는 경우가 있다.

- Estudia mucho, **pero** no aprueba.
  그는 열심히 공부하지만, 합격하지 못한다.
- No trabaja, **sino** que estudia.
  그는 일하지 않고 공부한다.
- Habla mucho, **pero** no sabe expresarse con claridad.
  그는 말을 많이 하지만 자신을 분명하게 표현하지 못한다.
- Me esforzaba por hacerlo bien: **no obstante**, me equivocaba.
  나는 그것을 잘 하려고 노력했지만 실수를 하곤 했다.

두 개의 행위가 전체나 부분에서 상반되기 때문에 부분배반문과 전체배반문으로 구분된다. 배반문의 유형에 따라 고유한 접속사가 사용된다.

(1) 부분배반문: 문장에 표현된 행위들이 부분적으로 상반되기 때문에 두 행위가 양립할 수 있다. 부분배반문에 사용되는 접속사는 다음과 같다.

① **pero**

- Invierte mucho dinero en bolsa, **pero** no se hace rico.
  그는 증권에 많은 돈을 투자하지만 부자가 되지 않는다.
- Juan no tenía dinero, **pero** sabía arreglar el coche.
  후안은 돈이 없었다. 그러나 차를 수리할 줄 알았다.
- El niño quiere hacerlo, **pero** no se atreve.
  아이는 그것을 하기를 원하지만, 감히 하지 않는다.
- Tú no sabes arreglarlo, **pero** sí estropearlo.
  너는 그것을 고칠 줄은 모르지만, 그것을 망가뜨릴 줄은 아는구나.
- El piloto perdió el control del avión, **pero** salió ileso del accidente.
  조종사는 비행기 통제력을 잃었지만 사고에서 무사히 빠져 나왔다.

② **mas**

- Lo intentó, **mas**(pero) no lo consiguió.
  그는 그것을 시도했지만 그것을 성취하지는 못했다.
- El púgil parecía cansado, **mas** logró el triunfo.
  그 권투선수는 지쳐 보였지만, 승리를 거두었다.
- Le gusta cantar, **mas** no mucho.
  그는 노래하는 것을 좋아한다. 그러나 많이 좋아하지는 않는다.

③ **empero**

- Lo intentó, **empero** no lo consiguió.
  그는 그것을 시도했지만 그것을 성취하지는 못했다.

④ **aunque**

- Vino, **aunque** no lo vi.
  비록 내가 그를 보지 못했지만 그는 왔다.
- Son muy ricos, **aunque**(pero) no lo parecen.
  그들은 비록 부자처럼 보이지는 않지만 매우 부유하다.
- Vive en Málaga, **aunque** ignoro su dirección y teléfono.
  나는 비록 그의 주소와 전화번호를 모르지만 그는 말라가에 살고 있다.
- **Aunque** no lo parece, es un gran futbolista.
  그렇게 보이지는 않지만 그는 위대한 축구선수이다.
- Trabaja muy bien, **aunque** siempre llega tarde.
  그는 항상 지각하지만 일은 잘 한다.
- **Aunque** me lo pidas de rodillas, no te lo daré.
  비록 네가 나에게 그것을 무릎 꿇고 부탁하더라도 너에게 그것을 주지 않겠다.
- Nos marcharemos **aunque** llueva a cántaros.
  비록 비가 억수같이 쏟아지더라도 우리는 떠날 것이다.

(2) **전체배반문**: 문장에 표현된 행위의 전체가 부정되기 때문에, 두 행위가 양립할 수 없다. 즉 A는 완전하게 부정되고 B만 존재하게 되는 것과 같다. 주로 **sino**가 사용된다.

- No escribe novelas, **sino** (que) pinta cuadros.
  그는 소설을 쓰지 않고 그림을 그린다.
- Esa no es su opinión, **sino** la mía.
  그것은 그의 의견이 아니라 나의 의견이다.
- No corre, **sino** vuela.
  그는 뛰지 않고 날아간다.
- No lo haré hoy **sino** mañana.
  나는 그것을 오늘 하지 않고 내일 하겠다.
- No quiero dormir **sino** permanecer despierto.
  나는 잠을 자고 싶은 게 아니라 깨어있기를 원한다.
- No es experto en finanzas, **sino** en automóviles.
  그는 경제 분야의 전문가가 아니라 자동차 분야의 전문가이다.

전체배반문에서는 두 번째 문장의 요소가 생략되는 경우가 빈번하다. 특히 첫 번째 문장에 있는 요소와 중복되는 경우에는 대부분 생략된다.

- No lo hice yo, **sino** Elena (lo hizo).
  나는 그것을 하지 않았다. 엘레나가 했다.
- Esta no es mi novia, **sino** aquella (mi novia es aquella).
  이 여자가 아니라 저 여자가 나의 여자 친구이다.
- No habla de temas culturales, **sino** (habla) de fútbol.
  그는 문화 주제에 대하여 말하지 않고, 축구에 대하여 말한다.

이 전체배반문에는 **que**, **sino que**가 사용되기도 한다.

- No corre, **sino** vuela. 그는 뛰지 않고 날아간다.
- No corre, **sino que** vuela.
- No corre, **que** vuela.

위에 열거된 접속사 외에, sin embargo, no obstante, con todo, excepto, salvo, al menos, antes bien 등과 같이 숙어와 어휘화된 부사가 배반의 의미를 갖는 경우도 있다.

- Aquí están todos, **excepto**(salvo, menos) Lola.
  롤라를 제외하고는 모두가 여기 있다.
- No quedó descontento, **antes bien** sonreía satisfecho.
  불만족하지 않고 오히려 만족한 듯이 미소를 지었다.
- No me ha felicitado, **sin embargo**, le invitaré a la fiesta.
  그는 나를 축하하지 않았지만, 나는 그를 파티에 초대하겠다.

5.3.2. 종속절(proposiciones subordinadas)

앞에서는 '연결문', '분배문' 등과 같이 '문(oración)'이라는 용어를 사용했지만, 여기서는 '명사절', '형용사절' 등과 같이 '절(proposición)'이라는 용어를 사용한다. 그 이유는 '문'과 '절'을 구별해야 하기 때문이다. '문'은 '문장'의 줄임말로 의미적 · 형태적으로 완전한 문장을 말한다. 그러나 '절'은 문장의 형태를 갖추었지만 완전한 의미 · 기능을 갖지 못한 불완전한 문장을 말한다. 따라서 의미 · 기능적 측면에서 주절(oración principal)에 종속되어 있다고 할 수 있다.

- Javier quiere **que vivas feliz**. ['직접목적어'의 명사절]
  하비에르는 네가 행복하게 살기를 바라고 있다.
- El señor **que ha traído el BMW** es mi padre. [형용사절]
  BMW를 가져온 분은 나의 아버지이다.

- Ella trabaja mucho **para que yo viva feliz**. ['목적'의 부사절]
  그녀는 내가 행복하게 살도록 열심히 일한다.

위의 예문에서 진하게 표시된 부분은 각각 명사절, 형용사(관계)절, 부사절이며, 이 절은 모두 문장의 형태를 갖추었지만, 주절에 종속되어 있다. 따라서 형태·의미적으로 완전한 '문장(oración)'과 구별하여 '절(proposición)'이라고 한다. 모든 문장에는 명사, 형용사, 부사 등과 같은 구문적 요소가 있다.

- El niño come **pan**. [명사] 아이는 빵을 먹고 있다.
- El niño es **alto**. [형용사] 아이는 키가 크다.
- El niño duerme **ahora**. [부사] 아이는 지금 잠자고 있다.

- Yo quiero **que el niño coma pan**. [명사절]
  나는 아이가 빵을 먹기를 바란다.
- El niño **que vimos** es su hijo. [형용사절]
  우리가 본 아이가 그의 아들이다.
- Yo trabajo **para que él viva feliz**. [부사절]
  나는 그가 행복하게 살도록 일한다.

명사절은 명사의 기능을 하는 절, 형용사절은 형용사의 기능을 하는 절, 부사절은 부사의 기능을 하는 절을 말한다.

1 명사절(proposiciones sustantivas)

복문의 명사절은 단문의 명사와 같은 기능을 갖고 있다. 즉 앞에서 보았듯이, 명사의 기능을 하는 절이다. 명사절은 **que**, **lo que**, **el hecho de que** 등과 같은 접속사로 도입된다.

- **Que comprendas la gramática** es difícil.
- **Lo que comprendas la gramática** es difícil.
- **El hecho de que comprendas la gramática** es difícil.
  네가 문법을 이해하는 것은 어렵다.

그러나 부정사가 사용되어 절을 구성하는 경우에는 연결접속사 없이 절이 형성되기도 한다.

- **Comprender la gramática** es difícil.
  문법을 이해하는 것은 어렵다.
- **Ayudar al necesitado** es una obra de caridad.
  가난한 자를 돕는 것은 자선사업이다.

명사절이 문장에서 가진 구문적 기능에 따라, 주어, 한정사(atributo), 직접목적어, 간접목적어, 상황보어, 명사의 보어, 동격 등이 된다.

(1) 주어: 구문적으로 주절의 주어가 되는 경우이다. 접속사 **que**, **el hecho de que**, 혹은 의문사 등과 함께 구성되기도 한다.

- Me alegra **que tengas buena salud**.
  네가 건강하니 나는 기쁘다.
- **Que vengas a la fiesta** me agrada.
  네가 파티에 오니 나는 기쁘다.
- Le dolió **que no fuéramos a su fiesta**.
  우리가 파티에 가지 못해서 그는 괴로웠다.
- Es agradable **que os comportéis así**.
  너희들이 그렇게 행동하는 것이 즐겁다.
- A mí me gustaría **que tú aprendieras alemán**.
  네가 독일어를 배웠으면 좋겠는데.

- **El hecho de que** me hayas llamado, me gusta.
  네가 나에게 전화했다는 사실이 나는 좋다.
- A nadie le interesa **quién ha venido**.
  누가 왔는지는 아무에게도 관심을 끌지 못한다.
- **Cómo has venido** no me interesa.
  네가 어떻게 왔는지 나는 관심이 없다.
- Le preocupaba mucho **quién vendría a la fiesta**.
  누가 파티에 올 것인지가 그를 매우 걱정하게 했다.
- Me preocupa **cómo habla mi hijo**.
  나의 아들이 어떻게 말하느냐가 나를 걱정하게 했다.
- Todavía no se sabe **si va a haber fiesta**.
  파티가 있을지는 아직 알 수 없다.
- Todavía no se ha aclarado **si tenían armas**.
  그들이 무기를 갖고 있는지는 아직 분명해지지 않았다.

부정사가 무인칭 형태로 사용되어 접속사 없이 단문을 구성하기도 한다.

- Es bueno **confiar en el amigo**.
  친구를 신뢰하는 것은 좋은 것이다.
- **Hacer ejercicios físicos** es muy saludable.
  운동을 하는 것은 매우 건강에 좋다.
- No es difícil **imaginar la reacción de un niño asustado**.
  놀란 아이의 반응을 상상하는 것은 어렵지 않다.
- No es conveniente **correr más de diez minutos sin un entrenamiento previo**.
  준비운동을 하지 않고 10분 이상 뛰는 것은 좋지 않다.
- **Plantear hipótesis con conclusiones falsas** es propio de embaucadores.
  허위결론을 갖고 가설을 세우는 것은 사기꾼 특유의 행동이다.

(2) **명사술어:** 명사절이 명사술어로 사용되는 경우는 흔하지 않다. 주어의 자질을 표현하기 위하여 사용하는 기능이다.

- La gran ilusión de los padres es **que sus hijos triunfen**.
  부모의 큰 기대는 자식들이 성공하는 것이다.
- La felicidad es **que no haya desamor**.
  행복은 미움이 없는 것이다.

반대로, 명사화된 형용사(관계)절이 명사술어로 사용되는 경우는 흔하다.

- Antonio es **el que decide**.
  안또니오는 결정하는 사람이다.
- Ellos son **los que trabajan**.
  그들은 일하는 사람들이다.
- Ese jugador es **el que metió el gol del triunfo**.
  그 선수가 결승골을 넣은 사람이다.

이 문장들의 주어와 보어의 위치가 바뀌는 경우도 있다.

- Los niños son **los que ríen**. 아이들은 웃는 자들이다.
- **Los que ríen** son los niños. 웃는 자들은 아이들이다.

- El deseo de todos es **que vengas**. 모두의 소망은 네가 오는 것이다.
- **Que vengas** es el deseo de todos. 네가 오는 것이 모두의 소망이다.

부정사가 명사술어로 사용되기도 한다.

- Ver es **creer**.
  보는 것이 믿는 것이다. (백문이 불여일견)

- Realizar un trabajo es **consultar muchos libros**.
  연구를 한다는 것은 많은 책을 보는 것이다.
- Mi mayor ilusión es **viajar a la ciudad con mi familia**.
  나의 최대 기대는 나의 가족과 함께 도시를 여행하는 것이다.

(3) 직접목적어: 동사의 직접목적어로 작용하는 명사절을 말한다. 구어체나 문어체에서 가장 많이 사용되는 명사절이다. 대부분의 경우에 접속사 que로 도입된다.

- Quiero que **vengas a la fiesta de cumpleaños**.
  나는 네가 생일파티에 오기를 바란다.
- Los padres desean **que sus hijos triunfen**.
  부모들은 자식들이 성공하기를 바라고 있다.
- Os pido a todos **que trabajéis con ilusión**.
  너희 모두에게 기대를 갖고 일할 것을 부탁한다.

명사절이 간접의문문에서 직접목적어로 사용되는 경우가 있다. 이 경우의 명사절은 접속사 que가 아니라 si, 혹은 의문대명사, 의문부사와 함께 구성된다.

- Dime **si ha venido tu padre**.
  너의 아버지가 오셨는지 말해라.
- Pregúntale **si va a venir con nosotros**.
  그에게 우리와 함께 갈 것인지 물어봐라.
- Averigua **cuánto vale**.
  얼마인지 알아봐라.
- Dime **quién lo ha hecho**.
  누가 그것을 했는지 말해라.
- Dime **qué ha pasado**.
  무슨 일이 있었는지 나에게 말해라.

- Pregúntale a mamá **si vienen hoy los amigos de papá**.
  오늘 아버지의 친구 분들이 오시는지를 엄마께 여쭤봐라.
- Me preguntarán **qué quiero de regalo**.
  내가 선물로 무엇을 원하는지를 나에게 물어볼 것이다.
- No sé **si eso es cierto**.
  나는 그것이 확실한지를 모르겠다.
- Nadie sabe **si va a haber fiesta**.
  아무도 파티가 있을지를 알지 못한다.

간혹 간접문문에서 다음과 같이 접속사 que가 사용되기도 하는데 이 경우의 que는 적합하지 않다고 볼 수 있다.

- Pregúntale **que** si va a venir.*
- Dile **que** qué quiere.*

명사절이 직접목적어로 사용되는 또 다른 경우는 간접화법구문에서 볼 수 있다. 간접화법은 문장이나 대화의 표현에 있어서 남의 말을 전할 때, 말하는 이가 남의 말을 자기의 말로 고쳐서 전하는 방법을 말한다. 간접화법의 절은 접속사 que로 주절에 연결된다.

- Alejandro dijo **que estaba ocupado**.
  알레한드로는 바쁘다고 말했다.
- Raúl dijo **que vendría con nosotros**.
  라울은 우리와 함께 가겠다고 말했다.
- Juan pensaba **que el día 12 de marzo era su cumpleaños**.
  후안은 3월 12일이 자기 생일이라고 생각했다.
- Pilar pensó **que no lo haría**.
  삘라르는 그가 그것을 하지 않을 것이라고 생각했다.
- El profesor dijo **que fuera yo a su despacho**.
  선생님은 나보고 선생님 사무실로 가라고 말씀하셨다.

- Mi padre dijo **que durante el verano recobraría la salud**.
  나의 아버지는 여름에 건강을 회복하시겠다고 말씀하셨다.

직접목적어의 기능을 하는 명사절은 직접화법 문장에서는 다음과 같이 표현된다.

- Juan dijo: **iré contigo**. 후안은 말했다. "내가 너와 함께 가겠다."
- **Iré contigo**, dijo Juan.
- **Iré contigo** —dijo Juan.

직접목적어의 기능을 하는 명사절이 접속사 없이 구성될 수 있다. '의지', '두려움'을 나타내는 동사와 함께 구성되는 문장에서 신속함과 간결함을 위하여 que가 생략된 경우를 볼 수 있다.

- Les ruego [**que**] me digan siempre la verdad.
  항상 나에게 진실을 말해달라고 여러분께 부탁드립니다.
- Temí [**que**] se perdiese la ocasión del encuentro.
  만남의 기회를 잃어버리지 않을까 두려웠다.

일부 동사가 주절에 사용된 경우에는 종속절을 구성하지 않고, 접속사 없이 부정사 형태와 함께 단문을 구성하기도 한다.

- Le mandé **caminar lentamente**.
- Le mandé **que caminara lentamente**.
  나는 그에게 천천히 걸으라고 명령했다.

- Le ordenaron **limpiar la cocina**.
- Le ordenaron **que limpiara la cocina**.
  그에게 부엌을 청소하라고 명령했다.

mandar, permitir, aconsejar, prohibir, dejar 등과 같이 명령, 허용, 충고, 금지 등의 의미를 가진 동사가 주동사로 사용된 경우에는, 종속절을 형성하지 않고 부정사와 함께 단문을 형성하는 것이 일반적인 경향이다.

(4) **간접목적어**: 간접목적어는 동사의 행위를 받는 사람이나 의인화된 사물을 가리키기 때문에, 원칙적으로 간접목적어로 작용하는 명사절은 존재하지 않는다. 일부 문법학자가 '목적'을 나타내는 절을 여기에 포함하는 경우가 있다.

- Te he llamado **para que me lo expliques**.
  네가 나에게 그것을 설명하도록 너에게 전화를 했다.
- Juan estudia **para sacar buenas notas**.
  후안은 좋은 성적을 받기 위하여 공부한다.

반대로, 사람이나 의인화된 사물을 가리키는 명사화된 형용사(관계)절이 간접목적어의 기능을 수행한다고 볼 수 있다.

- Se lo daré **al que haga todo bien**.
  모든 것을 잘 하는 사람에게 그것을 주겠다.
- Esto será **para quien se lo merezca**.
  이것은 이것을 받을 자격이 있는 사람에게 주어질 것이다.
- Esta oportunidad será **para el que sepa aprovecharla**.
  이 기회는 기회를 이용할 줄 아는 사람을 위한 것이다.
- Dieron el premio **a quienes se lo merecieron**.
  상을 받을 자격이 있는 사람에게 상을 주었다.
- Les doy el regalo **a los que se porten bien**.
  나는 착하게 행동하는 사람들에게 선물을 주겠다.

(5) 상황보어: 주동사의 행동이 전개되는 상황을 가리키는 명사절을 말한다. que 앞에 상황보어가 허용하는 모든 전치사가 올 수 있다.

- Me conformo **con que vengas**.
  나는 네가 오는 것에 동의한다.
- Debes conformarte **con lo que diga yo**.
  너는 내가 말하는 것에 동의해야 한다.
- Me alegro **de que hayas venido**.
  네가 와줘서 나는 기쁘다.
- Quiero entrar **sin que me vean**.
  나는 사람들 눈에 띄지 않고 들어가고 싶다.
- Confío **en que lo averigüéis pronto**.
  나는 너희들이 그것을 곧 조사할 것이라고 믿는다.
- Asegúrate **de que el perro tiene suficiente comida**.
  개가 충분한 식량을 갖고 있는지를 확인해라.

(6) 명사의 보어: 명사나 형용사의 보어로 작용하는 명사절을 가리킨다.

- Creo que esta es la ocasión **de que demostréis vuestro cariño**.
  나는 이 기회가 너희들의 애정을 보여줄 수 있는 기회라고 믿는다.
- Todos somos expertos **en hacer peticiones favorables**.
  우리 모두는 호의적인 탄원서를 만드는데 전문가들이다.

절이 명사의 보어가 되는 경우에는 **[de+que]**로 구성된다.

- Los padres tienen deseos **de que los hijos triunfen**.
  부모는 자식들이 성공하리라는 바람을 갖고 있다.
- Aquellas huellas son señal **de que han pasado por allí**.
  저 흔적은 사람들이 그쪽으로 지나갔다는 표시이다.

- Crecí con la idea **de que, en algún lugar, existen personas iguales a nosotros**.
  나는 우리와 같은 사람들이 어딘가에 존재한다는 생각을 갖고 성장했다.
- La única respuesta fue el aviso **de que teníamos que salir de nuestras casas**.
  유일한 답변은 우리가 우리 집에서 나가야 한다는 경고였다.
- Mis hijos tienen necesidad **de que se los quiera**.
  나의 아이들은 자신들이 사랑받아야 하는 필요성을 느낀다.
- No hay señales **de que haya llovido**.
  비가 온 흔적이 없다.
- Siempre ha sido la causa **de que yo sufra**.
  항상 내가 고생하는 원인이었다.
- Hay que tener envidia **de que triunfen los demás**.
  다른 사람들이 이길 것이라는 경쟁심을 가져야 한다.

명사절이 형용사의 보어가 되는 경우에는 전치사가 사용된다.

- Estaría contento **de/con que tú le visitaras**.
  네가 그를 방문한다면 그는 만족할 것이다.
- Parecían contentos **de/con que hayáis venido**.
  너희들이 와줘서 그들은 만족한 것 같았다.
- Mi padre se sentirá satisfecho **con que le felicitéis**.
  나의 아버지는 너희들이 축하드린 것에 만족하실 것이다.
- Muchos estaban conformes **en que no tenías razón**.
  많은 사람들이 네가 옳지 않다는 점에 동의했다.
- Los malos estudiantes siempre están dispuestos **a que les castiguen**.
  나쁜 학생들은 항상 벌 받을 준비가 되어 있다.
- Pepe es capaz **de beberse tres litros de agua seguidos**.
  뻬뻬는 3리터의 물을 계속해서 마실 수 있다.
- No fue consciente **de haber cometido aquella falta**.
  그는 그런 실수를 저질렀다는 것을 몰랐다.

- ¿Estás seguro **de no haber oído nunca una canción de los Beatles**?
  너는 비틀즈의 노래를 전혀 들어보지 못했다는 것을 확신하니?
- A veces no somos conscientes **de que cometemos errores**.
  때때로 우리는 우리가 실수를 범하는 것을 알지 못한다.
- Mi hermano está harto **de que le vigilen mis padres**.
  나의 형은 부모님이 자신을 감시하는데 질렸다.
- Fueron incapaces **de expresarnos racionalmente el contenido de sus sueños**.
  그들은 우리에게 꿈의 내용을 이성적으로 표현할 능력이 없었다.

(7) 동격의 기능: 동격의 기능을 갖는 명사절은 많이 사용되지 않고, 문어체에 제한되어 드물게 사용된다.

- Vuestra vida, **que viváis así**, me preocupa.
  그렇게 살고 있듯이, 너희들의 인생 때문에 나는 걱정이 된다.
- Tu trabajo, **que seas agricultor**, me fascina.
  농부로서의 너의 일이 나는 매우 좋다.

2 형용사(관계)절 (proposiciones adjetivas o de relativo)

문장 안에서 형용사의 기능을 수행하는 절을 **형용사절**이라 한다. 형용사절은 **관계절**(proposiciones de relativo)이라 부르기도 한다.

- los niños **estudiosos** [형용사] 공부 열심히 하는 아이들
- los niños **que estudian** [형용사절] 공부하는 아이들

형용사절은 관계대명사(que, cual, quien, cuyo)를 매개체로 하

여 모체가 되는 절 안에 포함된 것이다.

Aquella chica es alta. 저 소녀는 키가 크다.
Aquella chica baila. 저 소녀는 춤을 춘다.

→ Aquella chica es alta, y aquella chica baila.
저 소녀는 키가 크고 저 소녀는 춤을 춘다.
→ Aquella chica **que baila** es alta.
춤을 추는 저 소녀는 키가 크다.

위의 문장에서 선행사(antecedente)는 chica이고, 이 선행사를 형용사절 que baila가 수식하는 것이다. 즉 **[선행사+관계대명사+절]**의 문형을 구성하게 된다.

- **El niño que vimos**, es mi hijo.
  우리가 본 그 아이가 나의 아들이다.
- **Los pasteles que compramos ayer**, están en la nevera.
  우리가 어제 구입한 케이크는 냉장고에 있다.
- Yo leo **el libro que tú me dejaste ayer**.
  나는 어제 네가 나에게 빌려준 책을 읽고 있다.
- Dame, por favor, **el libro que te dejé ayer**.
  내가 어제 너에게 빌려준 책을 나에게 줘.
- Me dijo palabras **que nunca olvidaré**.
  그는 나에게 내가 결코 잊지 못할 말을 했다.

경우에 따라서 선행사가 나타나지 않는데, 이것은 선행사를 모르거나 선행사에 대한 관심이 없거나, 이미 다 알고 있어서 밝힐 필요가 없기 때문이다.

- **El que quiere estudiar** puede matricularse.
  공부하고 싶은 사람은 등록할 수 있다.

- **Quien bien te quiere**, te hará llorar.
  너를 지극히 사랑하는 자가 너를 울게 할 것이다.
- Fue mi madre **quien resolvió la situación**.
  상황을 해결한 사람은 나의 어머니였다.
- Antes yo me interesaba por los juegos, **a los que dedicaba mucho tiempo**.
  전에 나는 게임에 관심이 있었는데 그 게임에 시간을 많이 사용했었다.

문장 안에서 선행사를 수식하는 방법에 따라 형용사절은 '설명적 관계절'과 '제한적 관계절'로 구별할 수 있다.

(1) 설명적 관계절(proposiciones de relativo explicativas)

쓰기에서는 형용사절이 쉼표 사이에 들어가고, 말하기에서는 간격을 둔다. 이 형용사절이 생략되어도 문장의 의미를 바꾸지 못한다. 선행사를 설명해주는 기능을 갖고 있으며, 대부분의 경우에 '원인'을 나타내는 절의 기능을 수행한다. 선행사가 복수 형태로 나오는 경우에는 그 전체를 수식하는 결과가 된다.

Los alumnos, **que viven lejos**, llegan tarde a clase.
(Todos llegan tarde).
학생들은 멀리 살기 때문에 지각한다.
(학생들 모두가 멀리 살기 때문에 지각한다.)

Los gatos, **que arañan**, no me gustan.
(No me gustan los gatos porque arañan).
고양이는 할퀴기 때문에 나는 좋아하지 않는다.
(고양이들은 모두 할퀴기 때문에 나는 고양이를 좋아하지 않는다.)

- Este es el abogado, **cuya hija estudia en nuestra clase**.
  이분이 변호사인데, 그분의 딸이 우리 반에서 공부하고 있다.
- Los obreros, **que trabajan en esta fábrica**, están en huelga.
  그 노동자들은 이 공장에서 근무하는데, 지금 파업 중에 있다.

(2) 제한적 관계절(proposiciones de relativo especificativas)

쓰기에서는 형용사절이 쉼표 없이 사용되고, 말하기에서는 선행사와 연결되어 간격 없이 이어서 발음된다. 의미적인 측면에서, 이 형용사절이 생략되면 문장의 의미가 바뀌므로, 문장에 의미적 영향을 준다. 선행사가 복수 형태로 나오는 경우에는 그 전체를 수식하는 것이 아니라 명사의 의미가 제한하는 대상만을 수식하는 것이다.

Los alumnos **que viven lejos** llegan tarde a clase.
(Solo los que viven lejos).
멀리 사는 학생들은 지각한다.
(학생들 중에서 멀리 사는 학생들만 수업에 늦는다.)

Los gatos **que arañan** no me gustan.
(No me gustan los que arañan, los demás sí).
나는 할퀴는 고양이를 좋아하지 않는다.
(나는 할퀴는 고양이는 싫다. 그러나 할퀴지 않는 고양이는 좋아한다.)

- He tirado a la basura el casete **que estaba estropeado**.
  나는 고장난 카세트를 쓰레기통에 버렸다.
- Aquí tengo las bicicletas de las **que te hablé ayer**.
  내가 어제 너에게 말한 자전거를 여기 갖고 있다.
- Entregué el paquete en la casa **que me dijiste**.
  나는 그 소포를 네가 나에게 말한 그 집에 전해주었다.

그 외에, 형용사는 명사화 되어 명사의 기능을 가질 수 있듯이, 형용사절도 명사화 되어 명사절의 기능을 수행할 수 있다.

- **Quien habla mucho** sabe poco.
  (명사화된 관계절: 주어)
  말을 많이 하는 사람은 아는 게 별로 없다.
- Les doy el regalo **a los que se porten bien**.
  (명사화된 관계절: 간접목적어)
  나는 처신을 잘 하는 사람들에게 선물을 주겠다.
- Di el dinero **a quienes me lo pidieron**.
  (명사화된 관계절: 간접목적어)
  나는 나에게 돈을 요청한 사람들에게 돈을 주었다.
- Aprueban **los que se han estudiado toda la lección**.
  (명사화된 관계절: 직접목적어)
  모든 과를 공부한 사람들을 합격시킨다.
- ¿Sabes **quién inventó la máquina de vapor**?
  (명사화된 관계절: 직접목적어)
  너는 증기기관을 발명한 사람을 알고 있니?

3 부사절(proposiciones adverbiales)

부사절은 문장 안에서 부사 혹은 부사구의 기능을 수행하는 절을 말하며, 부사처럼 문장에서 동사를 수식한다. 부사절이 항상 부사나 구체적인 부사구로 대체되는 것은 아니지만 상황보어의 역할을 하는 것은 분명하다.

- Se alegró **porque llegó su hermano**.
  그는 동생이 도착해서 기뻤다.
- Se alegró **como si fuera verdad**.
  그것이 마치 사실인 것처럼 그는 기뻤다.

- Se alegró **cuando se lo dijimos**.
  우리가 그에게 그것을 말했을 때 그는 기뻤다.
- Se alegró **tanto que se puso a llorar**.
  그는 너무 기뻐서 울기 시작했다.
- Se alegró **aunque la vio triste**.
  그는 그녀가 슬퍼하는 것을 보았지만 그는 기뻤다.

부사절은 의미・문법적으로 종속되어 있고, 주절에 연결되는 종속의 의미관계에 따라서 다음과 같이 분류될 수 있다.

(1) 장소(locales)
(2) 시간(temporales)
(3) 방법(modales)
(4) 비교(comparativa)
(5) 결과 (consecutiva)
(6) 원인(causales)
(7) 조건(condicionales)
(8) 양보(concesivas)
(9) 목적(finales)

1. '장소'의 부사절

'장소'의 부사절은 주동사의 공간적 상황, 즉 주동사에 관련된 장소를 가리킨다.

- Cenamos **donde nos llevaste ayer**.
  우리는 어제 네가 우리를 데려간 곳에서 저녁식사를 했다.
- Fuimos **a donde nos mandaron**.
  우리는 그들이 우리에게 명령한 곳으로 갔다.
- Es a Sevilla **adonde iremos mañana**.
  내일 우리가 가는 곳은 세비야이다.

- Llegaré **hasta donde han llegado ellos**.
  나는 그들이 도달한 곳까지 도달할 것이다.

'장소'의 부사절은 관계부사 donde를 매개체로 하여 도입되는데, 다양한 의미에 따라서 전치사를 동반하거나, 혹은 전치사 없이 사용될 수 있다. 즉 의미에 따라서 **[donde]**나 **[전치사+donde]**의 형태로 나타난다. **donde**, **en donde**, **de donde**, **desde donde**, **adonde**, **a donde**, **por donde**, **hasta donde** 등과 같은 접속사(구)가 '장소'의 부사절을 도입한다.

- Dejé el periódico **donde tú me dijiste**.
  나는 네가 말한 곳에 신문을 두었다.
- Voy **donde me llamen**.
  나는 그들이 나를 부를 곳으로 가겠다.
- Voy **a donde me digas**.
  나는 네가 말하는 곳으로 가겠다.
- Fue a Toledo **adonde fuimos**.
  그는 우리가 갔던 똘레도로 갔다.

NOTA

adonde와 a donde

adonde는 전치사 a와 donde가 합쳐진 것인데, 선행사가 표현되어 있으면 붙여 쓰고, 선행사가 표현되지 않은 경우에는 분리해서 표기한다. 그러나 실제로 a donde는 많이 사용되지 않는다.

Es el cine adonde vamos. 우리가 가는 극장이다.

Se acercaron a donde me escondí. 그들은 내가 숨은 곳으로 접근했다.

- Te acompañaré **hasta donde se divisa el mar**.
  바다가 보이는 곳까지 너와 함께 가겠다.
- Vinimos **por donde nos dijeron**.
  우리는 그들이 우리에게 말한 곳을 통하여 왔다.
- Mi amigo paseaba **por donde no había gente**.
  나의 친구는 사람들이 없는 곳을 산책하곤 했다.
- Los conductores circulan **por donde está prohibido**.
  운전자들은 금지된 곳에서 운전한다.
- Se acercaron **desde donde los encontraste tú**.
  그들은 네가 그들을 발견한 곳으로부터 다가왔다.
- He venido andando **desde donde tú me dejaste**.
  네가 나를 남겨둔 곳에서부터 걸어왔다.
- Esa es la montaña **desde donde se divisa mi pueblo**.
  그것이 산인데, 그 산으로부터 나의 마을이 보인다.

장소의 부사절은 때때로 관계절로 간주되기도 한다. donde는 관계부사로 **[장소+전치사+관계대명사]**에 해당하기 때문이다.

- Iremos **adonde tú quieras**. [부사절]
- Iremos al lugar **donde tú quieras**. [관계절]
  우리는 네가 원하는 곳으로 가겠다.

2. '시간'의 부사절

'시간'의 부사절은 주동사의 시간 상황을 표현한다. 즉 종속절의 행동이 주절의 행동보다 먼저, 혹은 나중에, 혹은 동시에 발생했는지 그 상황을 나타낸다.

- Vendré a casa **cuando pueda**.
  내가 올 수 있을 때 집에 올 것이다.
- **Cuando llegues a Madrid**, llámame, por favor.
  마드리드에 도착하면 나에게 전화 좀 해라.

- Vendré **cuando hayas terminado de pintar la habitación**.
  네가 방을 다 칠하면 내가 오겠다.
- Se desmayó **cuando se lo dijeron**.
  그들이 그에게 그것을 말했을 때 그는 기절했다.

'시간'의 부사절은 주로 관계부사 cuando를 매개체로 하여 도입된다. 그러나 다른 연결요소나 구절이 사용되기도 한다. 이전, 동시, 즉시, 이후, 반복 등과 같은 다양한 의미에 따라서, **antes de que**, **primero que**, **mientras**, **mientras que**, **mientras tanto**, **entre tanto que**, **en cuanto**, **apenas**, **luego que**, **así que**, **después de que**, **desde que**, **cada vez que**, **simepre que** 등의 접속사(구)가 사용된다.

- **Cuando subía por la escalera** me caí.
  내가 계단을 올라가다가 넘어졌다.
- Llegamos **cuando tú salías**.
  네가 나가려 했을 때 우리가 도착했다.
- **Cuando lleguéis a París** me avisáis.
  너희들 파리에 도착하면 나에게 알려라.
- **Antes de que entréis**, quitaos los zapatos.
  너희들 들어오기 전에 구두를 벗어라.
- **Antes de que te cases**, mira lo que haces.
  네가 결혼하기 전에 네가 하고 있는 것을 바라봐라.
- **Después que comamos**, hablaremos.
  저녁식사를 한 후에 얘기합시다.
- **Mientras te lavas**, yo me afeitaré.
  네가 씻는 동안 나는 면도를 하겠다.
- **Mientras seas rico**, tendrás muchos amigos.
  네가 부자인 동안에는 친구가 많을 것이다.

- **En cuanto los vea**, les daré un abrazo.
  그들을 보자마자 나는 그들을 포옹할 것이다.
- **En cuanto lo hagas**, me llamas por teléfono.
  네가 그것을 하자마자 나에게 전화해라.
- **En cuanto llega a casa**, se sienta en el sillón.
  그는 집에 도착하자마자 안락의자에 앉는다.
- **En cuanto vivió**, fue amante de la pobreza.
  살아가는 동안 그는 가난의 연인이었다.
- Has de trabajar **cuanto dura el día**.
  너는 낮이 지속될 때까지 일해야 한다.
- **Siempre que salía a la calle**, cogía frío.
  그는 거리로 나갔을 때는 항상 감기에 걸리곤 했다.
- Lo saludo **siempre que lo encuentro por la calle**.
  나는 길에서 그를 볼 때마다 그에게 인사를 한다.
- **En tanto que no suceda**, estaremos tranquilos.
  (그 일이) 발생하지 않는 동안에 우리는 평온할 것이다.
- **Tan pronto como** vino la noche, nos metimos en casa.
  밤이 오자마자 우리는 집으로 들어갔다.
- **Así que llegó**, se acostó en la cama.
  그는 도착하자마자 침대에 누웠다.
- **Apenas aparece la primavera**, los campos se cubren de flores.
  봄이 오자마자 들판은 꽃으로 덮인다.

'시간'의 부사절의 내용이 실제 경험한 것을 나타내는 경우에는 직설법, 아직 실제 발생하지 않아 경험하지 않은 것을 나타내는 경우에는 접속법을 사용한다.

- **Cuando la miro**, me sonríe. [경험]
  내가 그녀를 바라보면 그녀는 나에게 미소를 짓는다.
- **Cuando la mire**, me sonreirá. [미경험]
  내가 그녀를 바라보면 그녀는 나에게 미소를 지을 것이다.

- **Tan pronto como fuma** se pone a toser. [경험]
  담배를 피우자마자 기침을 한다.
- **Tan pronto como fume** se pondrá a toser. [미경험]
  담배를 피우자마자 기침을 할 것이다.

- Tomé un café, **después de que desayunó ella**. [경험]
  그녀가 아침식사를 한 후에 나는 커피를 마셨다.
- Tomaré un café, **después de que desayune ella**. [미경험]
  그녀가 아침식사를 한 후에 나는 커피를 마시겠다.

시간에 관련된 상황은 다음과 같이 다양한 방법으로 표현된다.

(1) [al+부정사]

- **Al salir de clase**, fumamos un cigarrillo.
  교실에서 나갈 때 우리는 담배를 피운다.
- **Al conducir**, hay que estar atento.
  운전할 때 조심해야 한다.
- **Al llegar a su pueblo**, se puso a llorar.
  그는 마을에 도착했을 때 울기 시작했다.

(2) [hablando] (현재분사)

- **Haciendo crucigramas** me divierto.
  나는 크로스워드 퍼즐을 하면서 즐긴다.
- **Haciendo los deberes**, escucho música.
  나는 할 일을 하면서 음악을 듣는다.
- **Subiendo por la escalera** me caí.
  나는 계단을 올라가다가 넘어졌다.

(3) [hablado] (과거분사)

- **Arreglado el coche**, nos fuimos de viaje.
  차를 고치고 나서 우리는 여행을 떠났다.
- **Preparada la fiesta**, llegaron los invitados.
  파티를 준비하고 나자 손님들이 도착했다.
- **Muerto el perro**, se acabó la rabia.
  개가 죽자 광견병은 사라졌다.

3. '방법'의 부사절

'방법'의 부사절은 주동사의 행위가 실현되는 방법을 나타낸다.

- El hijo quiere hacer todo **como su padre**.
  아들은 모든 것을 자기 아버지처럼 하고 싶어 한다.
- Antonio hace ya todo **como si fuera mayor**.
  안또니오는 마치 어른처럼 모든 것을 한다.
- Lo haré **como me dijo mi padre**.
  나의 아버지가 말씀하신 대로 그것을 할 것이다.

'방법'의 부사절에서 가장 자주 사용되는 연결요소는 관계부사 **como**이지만, **del mismo modo**, **igual que**, **cual**, **según**, **según que**, **como si** 등과 같은 다른 연결요소도 사용된다.

- Lo haré **como pueda**.
  내가 할 수 있는 대로 그것을 하겠다.
- Hacedlo **como se os ordena**.
  너희들에게 명령하는 대로 그것을 해라.
- Lo haré **como lo hacía mi madre**.
  나는 어머니가 그것을 했던 것처럼 그것을 하겠다.

- Hacedlo **igual que lo hizo José**.
  너희들, 호세가 그것을 한 것과 똑같이 그것을 해라.
- Actúo **según me has dicho**.
  나는 네가 나에게 말한 대로 행동한다.
- **Según nuestro maestro lo dice**, así lo digo yo.
  우리 선생님이 말씀하시는 대로, 나는 그렇게 그것을 말한다.
- **Tal como yo opino**, ya no lograréis el triunfo.
  내가 의견을 말하듯이, 너희들은 이젠 승리를 하지 못할 것이다.
- Hazlo exactamente **tal como él te diga**.
  그가 너에게 말하는 대로 정확하게 그것을 해라.

방법의 부사절은 주로 동일함과 유사함을 가리키기 때문에, '동등비교'의 절과 관련되어 있다.

- El examen fue **como** lo esperaban los alumnos.
- El examen fue **tal como** lo esperaban los alumnos.
  시험은 학생들이 기대했던 그 정도였다.

때로는 방법의 부사절이 시간을 표현하는 기능을 갖기도 한다.

- **Según** avanzaban unos, retrocedían otros.
  누군가가 앞질러 가는대로, 다른 사람은 뒤늦게 갔었다.
- **Cuando** avanzaban unos, retrocedían otros.
  누군가가 앞질러 갈 때, 다른 사람은 뒤늦게 갔었다.

주절의 동사가 현재나 과거인 경우에 종속절의 동사는 직설법이 되고, 주절의 동사가 미래시제인 경우에는 종속부사절의 시제는 주로 접속법이 된다.

- Lo **hice** como me **dijiste**. 나는 네가 나에게 말한 대로 그것을 했다.
- Lo **haré** como me **digas**. 나는 네가 나에게 말하는 대로 그것을 하겠다.

- Lo **hago** como me **manda**. 나는 그가 명령하는 대로 그것을 한다.
- Lo **haré** como me **mande**. 나는 그가 명령하는 대로 그것을 하겠다.

4. '비교'의 부사절

'비교'의 부사절은 주절의 내용에 대한 비교로 사용된다.

- Tendrás tantos libros **como desees**. [동등비교]
  너는 네가 원하는 만큼의 책을 갖게 될 것이다.
- Mi hija tiene más dinero **que yo**. [우등비교]
  나의 딸은 나보다 더 많은 돈을 갖고 있다.
- Juan trabaja **más que Elena**. [우등비교]
  후안은 엘레나보다 더 열심히 일한다.

'비교'의 복문에서 주절의 동사와 종속절의 동사가 같은 경우에는 종속절의 동사를 생략할 수 있다.

- Juan es más alto **que yo** (que yo soy alto).
  후안은 나보다 키가 더 크다.
- María es más trabajadora **que yo** (que yo soy trabajador).
  마리아는 나보다 더 열심히 일한다.
- Tu madre es más joven **que la mía** (que la mía es joven).
  너의 어머니는 나의 어머니보다 더 젊으시다.

NOTA

이 경우에 비교문은 비교요소를 지닌 단문으로 간주될 수도 있고, 두 문장이 비교되는 복문으로 간주될 수도 있다.

Los niños estudian más que las niñas. [단문]
Los niños estudian más que las niñas (estudian). [복문]
남자아이들이 여자아이들보다 더 열심히 공부한다.

비교에는 동등(igualdad) 비교와 우등(superioidad) 비교, 그리고 열등(inferioridad) 비교가 있다.

(1) 동등 비교

① **tal como**

- Juan es **tal como** eres tú.
  후안도 너와 똑같다.
- **Tal como** me contaron te lo cuento.
  내가 들은 대로 그대로 너에게 말하겠다.

② **tal cual**

- El examen fue **tal cual** lo esperaban ellos.
  시험은 그들이 예상했던 것과 같았다.
- Su fin será **tal cual** ha sido su principio.
  시작이 그랬으니 끝도 그럴 거야.
- **Cual** el padre, **tal** el hijo.
  그 아버지에 그 자식. (부전자전)

③ **tanto… cuanto**

- Llamó **tanto cuanto** quiso.
  그는 그가 원했던 만큼 전화를 했다.
- Te daré **tanto** trabajo **cuanto** quieras.
  네가 원하는 만큼의 일을 너에게 주겠다.

④ **tanto… como**

- Gasta **tanto como** gana.
  그는 수입만큼 소비한다.
- Hizo **tanto** ruido **como** quiso.
  그는 그가 원했던 만큼 소리를 냈다.
- Contestó **tantas** preguntas **como** le formularon.
  그는 자신에게 제시된 만큼의 질문에 대답했다.
- Nadie trabaja **tanto como** mi hermano.
  어느 누구도 나의 형만큼 일하지 않는다.

⑤ **tan… como**

- Ella es **tan** guapa **como** yo.
  그녀는 나만큼 예쁘다.
- Lola es **tan** alta **como** su padre.
  롤라는 아버지만큼 키가 크다.
- El castigo fue **tan** grande **como** grande fue la culpa.
  죄가 컸던 만큼 벌도 컸다.

⑥ **todo… cuanto**

- Se rió en el espectáculo **todo cuanto** quiso.
  그는 쇼에서 원했던 만큼 웃었다.
- Le di **(todo) cuanto** tenía. (Le di todo lo que tenía.)
  내가 가진 모든 것을 그에게 주었다.

⑦ **así… como**

- Antonio es **así como** tú.
  안또니오도 너와 마찬가지다.

⑧ **como si**

- Se comporta **como si** fuera joven.
  그는 마치 젊은이처럼 행동한다.

(2) 우등 비교

① **más… que**

- Tiene **más** dinero **que** tú.
  그는 너보다 더 많은 돈을 갖고 있다.
- Carlos es **más** inteligente **que** Luis.
  까를로스가 루이스보다 더 현명하다.
- Tiene **más** virtudes **que** defectos.
  그는 단점보다는 미덕을 더 많이 갖고 있다.
- Mis hijos tienen **más** posiblidades de triunfo **que** yo.
  나의 자식들이 성공의 가능성을 나보다 더 많이 갖고 있다.

② **más… de**

- Esto vale **más de** lo que pensaba.
  이것은 내가 생각했던 것 보다 더 비싸다.
- Es mucho **más** difícil **de** lo que esperaba.
  내가 예상했던 것보다 훨씬 더 어렵다.
- Es **más** joven **de** lo que parece.
  그는 보기보다 더 젊다.
- Parecían **más** jóvenes **de** lo que eran.
  그들은 실제보다 더 젊게 보였다.

> **NOTA**
>
> La tarea era más fácil de lo que yo esperaba.
> 일은 내가 예상하고 있었던 것보다 쉬웠다.
>
> 비교라고 하는 것은 같은 범주에 속하는 것이 아니면 비교하는데 무리가 따르게 된다. 위의 문장이 그 예인데, 여기서는 '일'이라는 구체적인 것과 '예상했던 것(lo que esperaba)'이라는 형태로 추상적으로 개념화하여야 비로소 비교할 수 있게 된다. [de lo que]의 de는 원래의 que가 중복을 피하기 위하여 바뀐 것이라 보면 된다. 이 문형 [de lo que+동사]에서 동사의 내용은 거의 결정되어있다. 즉 이 문형의 동사는 pensábamos, esperaba, suponía, imaginaba, parecía, había oído, había visto 등이 될 수 있다.

- Juan gasta **más** dinero **de**l que puede ganar.
  후안은 수입 이상의 돈을 소비한다.
- Me mandó **más** libros **de** los que pedí.
  그는 내가 주문한 것보다 더 많은 책을 보내주었다.
- Han traído **más** flores **de** las que necesitábamos.
  그들은 우리가 필요했던 것보다 더 많은 꽃을 가져왔다.

> **NOTA**
>
> 앞의 비교 문형과 유사하지만, 앞의 문형은 [lo que+동사]의 내용이 '생각하다'라고 하는 행위인 반면에, 이 문형은 구체적인 것이며 주절에 나왔던 명사를 다시 반복하지 않고 [de+정관사+que+동사]형태로 한 것이다. 즉, 동종의 다른 사물을 수량적으로 비교하는 것이다.

③ 형용사비교급(**mejor/mayor**) **que**

- Mi trabajo es **mejor que** el que tú haces.
  나의 일은 네가 하는 일보다 더 좋다.

- Este coche es **mejor que** el que compramos antes.
  이 차는 우리가 전에 샀던 차보다 더 좋다.
- El vino de Rioja es de **mejor** calidad **que** el de Oporto.
  리오하의 포도주는 오뽀르뚜의 포도주보다 품질이 더 좋다.
- No hay **mejor** equipo **que** el Real Madrid
  레알마드리드 팀보다 더 좋은 팀은 없다.

(3) 열등비교

① **[menos… que]**

- Juan tiene **menos** años **que** yo.
  후안은 나보다 나이가 어리다.
- Juan es **menos** inteligente **que** Pedro.
  후안은 뻬드로보다 덜 영리하다.

② **[menos… de]**

- El susto fue **menos de** lo que parecía.
  놀라움은 겉으로 보인 것보다는 적었다.
- Era **menos** caro **de** lo que creía.
  내가 생각했던 것보다는 덜 비쌌다.

③ **[peor/inferioir que]**

- Esta casa es **peor que** la que vimos ayer.
  이 집은 우리가 어제 본 집보다 못하다.
- El esfuerzo es **inferior que** el deseo de triunfo.
  승리에 대한 욕망에 비하면 노력이 부족하다.

5. '결과'의 부사절

주절의 내용으로 인하여 초래된 결과를 언급하는 절이다.

- Mis hijos son tan guapos **que llaman la atención**.
  나의 아이들은 너무 잘 생겨서 사람들의 시선을 끈다.
- Trabaja tanto, **que siempre está cansado**.
  그는 열심히 일해서 항상 지쳐있다.
- Se divierte tanto, **que ha perdido la noción del tiempo**.
  그는 너무 즐긴 나머지 시간 개념을 잃었다.

주절은 **tal**, **tan**, **tanto**, **de tal modo** 등과 같이, 상황, 자질, 행동 등을 강조하는 요소를 포함한다. 그런 내용으로 인하여 초래된 결과가 종속절에 언급된다.

- Su furia es **tal**, que asusta.
- Su furia es **tanto**, que asusta.
- Su furia es **tan grande**, que asusta.
- Su furia es **de tal modo**, que asusta.
  그의 분노가 너무 커서 그는 놀란다.

① **[tan+형용사+que]**

- Salió **tan** temprano **que** vio aparecer el sol.
  일찍 떠났기 때문에 해가 뜨는 것을 보았다.
- Julia era **tan** guapa **que** llamaba la atención.
  훌리아는 너무 예뻐서 사람들의 눈길을 끌었다.
- Estuvieron **tan** atentos **que** no se olvidaron de ningún detalle.
  그들은 너무 신중하기 때문에 세부사항을 전혀 잊지 않는다.
- Es **tan** tonto **que** no sabe lo que tiene que hacer.
  그는 너무 멍청해서 자신이 해야 할 일을 모른다.

② **[tan+부사+que]**

- Vino **tan** tarde **que** no alcanzó cena.
  그는 너무 늦게 와서 식사를 하지 못했다.
- He estudiado **tan** poco **que** no aprobaré.
  나는 공부를 거의 하지 않아 합격하지 못할 거야.
- Lo hice **tan** bien **que** no pudieron criticarme.
  내가 그것을 너무 잘 했기 때문에 나를 비난하지 못했다.
- Hizo **tan** bien el examen, **que** sacó un diez.
  그는 시험을 너무 잘 봐서 10점을 받았다.

③ **[tal+명사+que]**

- Dice **tales** cosas **que** hace reír mucho.
  그런 얘기를 하여 많은 웃음을 자아냈다.
- Me dio **tal** alegría al verte, **que** rompí a llorar.
  너를 봤을 때 그렇게 기뻐서 나는 울음을 터뜨렸다.
- Tenemos **tal** preocupación **que** no estamos para bromas.
  우리는 그런 걱정거리가 있기 때문에 농담할 기분이 아니다.
- Todos hicieron **tal** esfuerzo **que** quedaron agotados.
  모두가 그 정도 노력을 했기 때문에 그들은 지쳐있었다.

④ **[tanto+명사+que]**

- Posee **tanto** orgullo **que** no es feliz.
  그는 자만심이 너무 강해서 행복하지 못하다.
- Había **tanto** barullo **que** no oíamos.
  너무 혼잡했기 때문에 우리는 듣지 못했다.
- He estado tumbado **tanto** tiempo al sol, **que** me duele la cabeza.
  햇빛 아래 너무 오래 누워있었기 때문에 머리가 아프다.

- Hay **tanta** gente **que** no podemos entrar.
  사람이 너무 많아서 우리는 입장할 수 없다.

⑤ **[tanto+동사+que] / [동사+tanto+que]**

- **Tanto** comió **que** se enfermó del estómago.
  그는 너무 많이 먹어서 위가 병에 걸렸다.
- **Tanto** chillaba **que** vino la policía.
  너무 많이 떠들어서 경찰이 왔다.
- **Tanto** subió **que** la caída fue tremenda.
  너무 많이 올라가서 낙하가 두려웠다.
- Trabaja **tanto que** no tiene tiempo de divertirse.
  그는 너무 열심히 일하기 때문에 즐길 시간이 없다.
- Me cuido **tanto que** me siento bien.
  나는 몸 관리를 열심히 하기 때문에 컨디션이 좋다.

'결과'의 부사절은 주로 연결요소 que로 도입된다.

- Tenía tanto miedo **que grité**.
  나는 너무 두려워서 소리쳤다.
- Hace tanto frío **que estoy helado**.
  너무 추워서 나는 얼어버렸다.
- Lo hizo tan mal, **que no lo reconocí**.
  그는 그것을 너무 못해서 나는 그것을 인정하지 않았다.
- Estoy tan seguro, **que no tengo duda**.
  나는 너무 확신하기 때문에 의심을 하지 않는다.
- Tenía tanto miedo **que no dormía**.
  그는 너무 두려워 잠을 자지도 않았다.
- Le quería tanto **que le cubrió de besos**.
  나는 그를 너무 사랑했기 때문에 키스를 퍼부었다.

때로는 **luego**, **por tanto**, **por lo tanto**, **así que** 등과 같은 연결 요소가 사용되기도 한다.

- Pienso, **luego** existo.
  나는 생각한다. 고로 존재한다.
- Tengo hambre, **por lo tanto**, comeré.
  나는 배가 고프다. 그래서 나는 먹을 것이다.
- Tengo dos hijos, **por tanto**, soy padre.
  나는 아들이 둘 있다. 그래서 나는 아버지이다.
- Todo ha sido una broma, **así que** no te enfades.
  모두 다 농담이었으니 화내지 마라.

한편, '결과'의 부사절은 의미적으로 '원인'의 부사절과 일치하는데, 그것은 표현된 문장의 원인이나 결과를 가리키기 때문이다. 원인과 결과는 서로 뒤바뀌어 나타날 수 있다.

(1) '결과'는 언급된 내용의 **[원인-결과]**를 나타낸다.

- Llovió tanto [원인] **que se caló** [결과].
  비가 너무 와서 그는 물에 흠뻑 젖었다.
- Tanto va el cántaro a la fuente [원인] **que se quiebra** [결과].
  꼬리가 길면 밟히는 법이다.

(2) '원인'은 언급된 내용의 **[결과-원인]**을 나타낸다.

- **Se caló** [결과] porque llovía tanto [원인].
  비가 너무 와서 그는 물에 흠뻑 젖었다.
- **Se quiebra cántaro** [결과] por tanto ir a la fuente [원인].
  꼬리가 길면 밟히는 법이다.

6. '원인'의 부사절

'원인'의 부사절은 주절에 언급된 행위의 직접・간접적인 원인이나 동기를 표현한다.

- Se ha mojado **porque ha llovido**.
  비가 와서 흠뻑 젖었다.
- Ha llovido, **porque el suelo está mojado**.
  바닥이 젖었으니, 비가 왔구나.
- Ha salido el arco iris **porque está lloviendo**.
  비가 오기 때문에 무지개가 나타났다.

'원인'의 부사절은 동등병렬(coordinación)과 종속(subordinación) 사이의 복잡한 관계를 형성한다. 여러 경우에 종속절이 주절에 대하여 독립적인 의미를 나타내기 때문이다. 때로는 종속절의 의미가 주절의 의미보다 더 중요하기 때문에, 종속절이 주절 앞에 위치하는 경우도 있다.

- **Porque no tenía armas**, huyó.
  그는 무기를 갖고 있지 않았기 때문에 도망쳤다.
- **Porque te quiero**, te perdono.
  너를 사랑하기 때문에 너를 용서한다.
- **Porque no vino**, se salvó del accidente.
  그가 오지 않았기 때문에 그는 사고에서 벗어났다.

스페인 한림원이나 전통문법학자들은 '동등 원인절(causales coordinadas)'과 '종속 원인절(causales subordinadas)'를 구별하기도 한다. 그러나 현대문법에서는 일반적으로 '종속절'로 분류한다.

‘원인’의 부사절을 도입하는 연결요소에는 가장 많이 사용되는 **porque**를 비롯하여, **que**, **pues**, **pues que**, **puesto que**, **ya que**, **como**, **a causa (de) que**, **en vista de que** 등이 있다.

- Cayó enfermo **porque** no se cuidaba.
  그는 몸조심을 하지 않아 병에 걸렸다.
- **Porque** hablas demasiado, no te hacen caso.
  너는 말을 너무 많이 해서 사람들이 너에게 관심을 갖지 않는다.
- Nos vamos, **porque** no estamos contentos.
  우리는 만족하지 못하기 때문에 떠난다.
- No voy, **no porque** no quiera, **sino porque** no puedo.
  나는 가고 싶지 않아서가 아니라 갈 수 없어서 가지 않는다.
- Ella no come **porque** quiere adelgazar.
  그녀는 날씬해지고 싶어서 식사를 하지 않는다.
- **Porque** tengo ya más de 60 años, no juego al fútbol.
  나는 예순 살이 넘었기 때문에 축구를 하지 않는다.
- No compréis azúcar, **que** ya tenemos.
  우리가 설탕을 갖고 있으니 사지 마라.
- Tenemos que teminarlo hoy, **que** mañana es fiesta.
  내일이 축제이기 때문에 우리는 오늘 그것을 마쳐야 한다.
- No compres chocolate, **que** engorda.
  비만을 초래하니 초콜릿을 사지 마라.
- No te rías, **que** no estoy para bromas.
  농담할 기분이 아니니, 웃지 마라.
- Vine temprano, **pues** quería acostarme en seguida.
  바로 잠을 자고 싶었기 때문에 일찍 왔다.
- **Como** hoy es domingo, iremos al cine.
  오늘이 일요일이니까 우리들은 영화 보러 갈 것이다.
- **Como** recibí tarde tu llamada, no he llegado a tiempo.
  너의 전화를 늦게 받았기 때문에 나는 제 시간에 도착하지 못했다.

- Trabajo mucho **puesto que** quiero un aumento de sueldo.
  급여 인상을 원하기 때문에 나는 일을 열심히 한다.
- **Ya que** estamos aquí, vamos a ponernos cómodos.
  우리가 여기에 있으니까 편안해 질 것이다.
- **Dado que** no me dijiste nada, yo creí que no lo sabías.
  네가 나에게 아무 말도 하지 않아서 나는 네가 그것을 모르는 줄 알았다.
- **En vista de que** no nos haces caso, nos vamos.
  네가 우리에게 관심을 보여주지 않아서 우리는 떠난다.

7. '조건'의 부사절

'조건'의 부사절은 주절의 행동이 실현되기 위하여 필요한 조건을 표현한다.

- **Como me invites**, iré a tu fiesta.
  네가 나를 초대한다면 나는 너의 파티에 갈 것이다.
- **Con solo que me invites**, iré a tu fiesta.
  네가 나를 초대하기만 하면 나는 너의 파티에 갈 것이다.
- **Si me toca la lotería**, seré rico.
  복권이 당첨된다면 나는 부자가 될 것이다.
- **Si tuviera dinero**, me compraría un coche.
  만약 나에게 돈이 있다면 차를 살 텐데.

'조건절'의 연결요소는 가장 많이 사용되는 **si**를 비롯하여, **como**, **en el caso de que**, **a condición de que**, **a menos que**, **siempre que**, **con tal de que**, **con que** 등이 있다.

- Te lo dejo **a condición de que me lo devuelvas pronto**.
  곧 돌려주는 것이라면 너에게 그것을 빌려주겠다.
- No me marcho **a menos que tú quieras**.
  네가 원하지 않으면 나는 가지 않겠다.

- Iré esta tarde **a no ser que ocurra otra cosa**.
  다른 일이 일어나지 않는다면 나는 오늘 오후에 갈 것이다.
- Me basta **con que nos escribas una vez al mes**.
  한 달에 한번 우리에게 편지하는 것으로 나는 충분하다.
- **Con solo que tuviera 20 euros**, podría comprarlo.
  내가 단지 20유로만 갖고 있으면, 그것을 살 수 있을 텐데.
- Te presto el dinero **con tal de que me lo devuelvas**.
  나에게 갚는다는 조건으로 너에게 돈을 빌려주겠다.
- **En caso de que no puedas venir**, llama por teléfono.
  네가 올수 없는 경우에는 전화해라.
- Mañana no vendré, **excepto que haya mucho trabajo**.
  일이 많은 경우만 아니면 나는 내일 오지 않겠다.
- Saldremos el domingo, **salvo que llueva**.
  비가 오는 경우만 아니면 우리는 일요일에 떠날 것이다.
- **Como no te enmiendes**, dejaremos de ser amigos.
  네가 행실을 고치지 않으면 우리는 절교할 것이다.

si가 사용된 가정문은 조건절(prótasis)과 귀결절(apódosis)로 구성되어 있다.

- Si viene, iré con él. [조건절-귀결절] 그가 오면 그와 함께 가겠다.
- Iré con él, si viene. [귀결절-조건절]

조건의 의미를 가진 si는, 조건을 나타내며 항상 접속법을 사용하는 조건의 다른 접속사와는 달리, 직설법과 접속법 모두 함께 사용된다. 조건의 si절에서 사실에 반대되는 내용을 나타낼 경우에만 접속법이 사용된다.

- Si **vienes**, te invitaré. [직설법]
  네가 오면 너를 초대할 거야.

- Si **vinieras**, te invitaría. [접속법]
  네가 오면 너를 초대할 텐데.

- Si lo **tengo**, te lo daré. [직설법]
  내가 그것을 갖고 있으면 너에게 주겠다.
- Si lo **tuviera**, te lo daría. [접속법]
  내가 그것을 갖고 있다면 너에게 줄 텐데.

위의 예문에서 직설법이 사용된 si vienes와 si lo tengo는 단순 가정으로 각각 '올 수도 있고 오지 않을 수도 있지만, 만일 온다면', '갖고 있을 수도 있고 갖고 있지 않을 수도 있지만, 만일 갖고 있다면'이라는 가정의 표현이다. 즉 조건절의 내용이 발생할 수도 있고 발생하지 않을 수도 있는 것이다. 반면에, 접속법이 사용된 si viniera와 si lo tuviera는 각각 '실제 오지 않았는데 만일 왔다면', '실제 갖고 있지 않은데 만일 갖고 있다면'이라는 현재 사실의 반대를 가정하는 표현이다. 가정문은 다음과 같이 구분할 수 있다.

(1) 단순 가정문: 현실적 가정문

조건절	귀결절
Si + 직설법 현재 직설법 현재완료 직설법 불완료과거 직설법 부정과거	직설법 현재 직설법 미래 직설법 불완료과거 직설법 가능 명령법

- Si **llueve**, **no vamos/iremos** a la playa.
  비가 오면, 우리는 해변에 가지 않을 것이다.
- Si no **llueve**, **vamos/iremos** a la playa.
  비가 오지 않으면, 우리는 해변에 갈 것이다).

- Si **viene** mañana, lo **traerá**.
  그가 내일 오면, 그것을 갖고 올 것이다.
- Si **viene**, **da**le este libro.
  그가 오면, 이 책을 그에게 줘라.
- Si **ha llegado**, le **recibiremos**.
  그가 도착했다면, 우리는 그를 맞이할 것이다.
- Si **has estudiado**, **aprobarás**.
  네가 열심히 공부했다면 합격할 것이다.
- Si no **llovía**, **íbamos** a la playa.
  비가 오지 않으면 해변으로 가곤 했다.
- Si no **apareció**, te **llamaría** después.
  그가 나타나지 않았다면, 네게 전화할 거야.

(2) 현재 사실에 반대되는 가정문

조건절	귀결절
Si + 접속법 불완료과거 (-ra형, -se형)	직설법 가능 (직설법 불완료과거)

- Si no **lloviera/lloviese**, **iríamos** a la playa.
  만약 비가 오지 않는다면, 해변에 갈 텐데.
- Si yo **tuviera/tuviese** dinero, **compraría** un coche.
  만약 내가 돈을 갖고 있다면, 자동차를 살 텐데.

- Si yo lo **tuviera/tuviese** ahora, te lo **daría**.
  만일 지금 내가 그것을 갖고 있다면, 너에게 그것을 줄 텐데.
- Si **fuera/fuese** inteligente, me **comprendería**.
  만일 그가 영리하다면, 나를 이해할 텐데.
- Si yo **fuera/fuese** más alto, **jugaría** al baloncesto.
  만일 내가 키가 더 크면, 농구를 할 텐데.
- Si yo **tuviera/tuviese** tiempo, lo **haría**.
  만일 내가 시간이 있으면, 그것을 할 텐데.
- Si yo **tuviera/tuviese** dinero, me lo **compraba** ahora mismo.
  만일 내가 돈이 있으면, 당장 그걸 살 텐데. (강조)

(3) 과거 사실에 반대되는 가정문

조건절	귀결절
Si + 접속법 과거완료 [hubiera + 과거분사] [hubiese + 과거분사]	직설법 가능완료 [habría + 과거분사] 접속법 과거완료 [hubiera + 과거분사]

- Si no **hubiera/hubiese llovido**, **habríamos ido** a la playa.
  만약 비가 오지 않았더라면, 해변에 갔을 텐데.
- Si yo lo **hubiera/hubiese tenido**, te lo **habría dado**.
  만일 내가 그것을 갖고 있었더라면, 너에게 그것을 주었을 텐데.
- Si **hubiera sido** inteligente, me **habría comprendido**.
  만일 그가 영리했더라면, 나를 이해했을 텐데.
- Si yo **hubiera tenido** dinero, **habría comprado** un coche.
  만약 내가 돈을 갖고 있었더라면, 자동차를 샀을 텐데.

(4) 과거 사실에 반대되는 가정문 (결과는 현재 사실에 반대)

조건절은 과거 사실에 반대되는 내용을 가정하고, 귀결절은 현재 사실에 대한 반대되는 내용을 표현하는 가정문이다.

조건절	귀결절
Si + 접속법 과거완료 [hubiera + 과거분사] [hubiese + 과거분사]	직설법 가능시제

- Si yo **hubiera/hubiese estudiado** más, **sabría** mucho más.
  내가 더 열심히 공부했더라면, 훨씬 더 많이 알 텐데.
- Si él **hubiera/hubiese sido** inteligente, **podría** hacerlo.
  그가 영리했었더라면, 그 것을 할 수 있을 텐데.
- Si no me **hubiera casado** con él, no **estaría** así ahora.
  내가 그와 결혼하지 않았더라면, 지금 이렇지는 않을 텐데.

(5) 다른 형식의 조건절

① **[De+inf.]** (조건절 대용)

- **De venir**, avísame.
- **Si viene**, avísame.
  그가 오면, 나에게 알려줘.

- **De venir**, me avisaría.
- **Si viniera**, me avisaría.
  그가 온다면, 나에게 알려줄 텐데.

- **De haber venido**, hubiera estado aquí.
- **Si hubiera venido**, hubiera estado aquí.
  그가 왔었다면, 여기 있었을 텐데.

② **[Yo que tú]** (조건절)

yo que tú → si yo fuera tú 내가 너라면 yo que tú → si yo hubiera sido tú 내가 너였더라면

- **Yo que tú**, no iría.
- **Si yo fuera tú**, no iría.
  내가 너라면, 가지 않을 텐데.

- **Yo que Pedro**, lo hubiera hecho.
- **Si yo hubiera sido Pedro**, lo hubiera hecho..
  내가 뻬드로였다면, 그것을 했을 텐데.

③ **[Yo en tu lugar]** (조건절)

- **Yo en tu lugar**, no lo haría.
- **Si yo estuviera en tu lugar**, no lo haría.
  내가 너의 입장이라면, 그것을 하지 않을 텐데.

- **Yo en tu lugar**, no lo hubiera hecho.
- **Si yo hubiera estado en tu lugar**, no lo hubiera hecho.
  내가 너의 입장이었더라면, 그것을 하지는 않았을 텐데.

④ 현재분사와 과거분사

현재분사와 과거분사를 사용하여 '조건'을 표현하기도 한다.

- **Trabajando todos**, superaremos las dificultades.
  우리 모두 일하면, 어려움을 극복할 것이다.
- **Haciéndolo tú**, todos quedarán contentos.
  네가 그것을 한다면, 모두가 만족할 것이다.

⑤ **[por si+직설법/접속법]** (…일지 모르니)

- Llámalo **por si está en casa**.
  그가 집에 있을지 모르니 전화해봐라.
- Me llevé los esquíes **por si había nevado**.
  눈이 왔을까봐 나는 스키를 가져왔다.
- Se lo dije **por si sabía algo**.
  그가 뭔가 알고 있을까봐 그에게 그것을 말했다.

⑥ **[no sea que+접속법]** (…일지 모르니)

- Llévate el paraguas **no sea que llueva**.
  비가 올지 모르니 우산을 가져가라.
- Llévate las cadenas **no sea que nieve**.
  눈이 올지 모르니 체인을 가져가라.

- Llévate las cadenas **por si ha nevado**.
- Llévate las cadenas **no sea que haya nevado**.
  눈이 왔을지 모르니 체인을 가져가라.

- Me llevé las cadenas **por si había nevado**.
- Me llevé las cadenas **no fuera que hubiera nevado**.
  눈이 왔을까봐 나는 체인을 가져왔다.

8. '양보'의 부사절

'양보'의 부사절은 주절이 언급하는 내용을 충족하기에는 어려움이나 반대가 있다는 점을 표현한다. 그러나 양보의 부사절이 표현하는 내용이 주절의 행위를 막기에는 미약하거나 효력이 없는 것으로 여겨지는 조건과 같다. 따라서 이 '양보'의 부사절은 '조건'의 부사절과 유사한 면이 있다.

- **Aunque llueve**, saldré. [실제] 비가 오지만, 나는 나갈 것이다.
- **Aunque llueva**, saldré. [가정] 비가 오더라도, 나는 나갈 것이다.

- **Aunque haga mal tiempo**, iremos de viaje.
  날씨가 나쁘더라도, 우리는 여행을 갈 것이다.
- **Aunque nadie me ayude**, lo conseguiré.
  아무도 나를 도와주지 않더라도, 나는 그것을 성취할 것이다.

가장 많이 사용되는 접속사 **aunque** 외에, **a pesar de que**, **aun cuando**, **así**, **si bien** 등과 같은 다른 연결요소가 있다.

- **Aunque la mona se vista de seda**, mona se queda.
  개꼬리 삼년 두어도 황모가 되지 못한다.
- **Aunque lo digas tú**, no te creerá.
  네가 그것을 말한다 해도, 나는 너를 믿지 않을 것이야.
- **Aun cuando no me respondan**, tengo que partir ese día.
  비록 나에게 회답이 없을 지라도, 나는 그날 출발해야 한다.
- **Aun cuando no venga**, tendremos que marcharnos.
  그가 오지 않는다 해도, 우리는 떠나야 할 것이다.
- No dirá una palabra **así lo maten**.
  그를 죽인다 해도, 그는 아무 말도 하지 않을 거야.
- Quiso probar su suerte, **si bien la ocasión no era oportuna**.
  기회가 적당하지 않더라도, 그는 자신의 운을 시험해보기를 원했다.

- **A pesar de que yo vaya muy abrigado**, sentiré frío.
  옷을 든든히 껴입고 가더라도, 나는 추울 것이다.

'양보'의 부사절에는 **[por+형용사/부사+que]**가 자주 사용된다.

- **Por mucha ropa que se pone**, siempre tiene frío. [실제]
  아무리 옷을 많이 입어도, 그는 추위를 탄다.
- **Por mucha ropa que se ponga**, siempre tendrá frío. [가정]
  아무리 옷을 많이 입더라도, 그는 추위를 탄다(탈 것이다).

- **Por más que lo repitas**, no te creerán.
  네가 아무리 그것을 반복하더라도, 사람들이 너를 믿지 않을 거야.
- **Por muy influyente que sea**, no lo conseguirá.
  아무리 그가 영향력이 있더라도, 그는 그것을 성취하지 못할 거야.
- **Por más rico que sea**, no podrá comprarlo.
  그가 아무리 부자라도, 그것을 살 수는 없을 것이다.
- **Por muy listo que seas**, tienes que trabajar más.
  네가 아무리 영리해도, 너는 더 열심히 일해야 한다.
- **Por muy lejos que viva**, le visitaremos.
  그가 아무리 멀리 살아도, 우리는 그를 방문할 것이다.

'양보'의 부사절은 동사의 무인칭 형태로 구성되기도 있다.

① 부정사

- **Con ser tan rico**, no sabe disfrutar de sus riquezas.
  그는 아무리 부유하지만, 부를 즐길 줄 모른다.
- **A pesar de haber venido**, no nos ha visto.
  그는 왔음에도 불구하고, 그는 우리를 보지 못했다.

② 현재분사

- **Aun llegando** tarde, lo recibieron bien.
  그는 지각하였는데도 환영을 받았다.
- **Aun haciéndolo** así, no te lo aceptaremos.
  네가 그것을 하더라도, 우리는 너에게 그것을 허용하지 않을 것이다.

③ 과거분사

- Estaré de acuerdo, **si bien modificadas algunas condiciones del contrato**.
  계약서의 어떤 조건이 수정된다 하더라도, 나는 동의할 것이다.
- **Aun olvidado el incidente**, las relaciones todavía son tensas.
  사건을 잊는다 해도, 관계는 여전히 긴장된다.

의미적으로, '양보'의 부사절은 직설법과 접속법에 따라 다양한 표현을 나타낸다. 실제 경험한 내용을 표현하는 경우에는 직설법, 경험하지 못한 미래를 가정하는 경우에는 접속법을 사용한다.

- **Aunque me lo juráis**, no lo creo. [실제]
  너희들이 나에게 그것을 맹세하지만, 나는 그것을 믿지 않는다.
- **Aunque me lo juréis**, no lo creo. [가정]
  너희들이 나에게 그것을 맹세하더라도, 나는 그것을 믿지 않는다.

- **Aunque no lo hacéis**, el negocio saldrá bien. [실제]
  너희들이 그것을 하지 않지만, 사업은 성공할 것이다.
- **Aunque no lo hagáis**, el negocio saldrá bien. [가정]
  너희들이 그것을 하지 않더라도, 사업은 성공할 것이다.

- **A pesar de que él fue inteligente**, no consiguió nada. [실제]
  그가 현명했음에도 불구하고, 그는 아무것도 성취하지 못했다.
- **A pesar de que él sea inteligente**, no conseguirá nada. [가정]
  그가 현명하다 할지라도, 아무것도 성취하지 못할 것이다.

9. '목적'의 부사절

'목적'의 부사절은 주절의 '목적'을 표현한다.

- Copiaba en el examen para sacar mejor nota.
  좋은 성적을 받기 위하여 그는 시험에서 커닝을 하였다.
- Ella ha entrado en su habitación para que no la molesten.
  사람들이 자신을 괴롭히지 않도록 그녀는 자기 방으로 들어갔다.

'목적'의 부사절을 유도하는 연결요소에는 가장 많이 사용되는 **para que** 외에, **que**, **porque**, **a que**, **a fin de que**, **con el objeto de que**, **con el fin de que**, **con vistas a que** 등이 있다.

- Habla más alto, **que** te oiga mejor.
  내가 네 말을 더 잘 들을 수 있게 더 크게 말해라.
- Llama al niño, **que** se despida de su abuelo.
  할아버지께 작별인사를 드리도록 아이를 불러라.
- Voy al médico **a que me mire la garganta**.
  의사가 나의 목을 보도록 하기 위하여 나는 의사에게 갈 것이다.
- Yo abro la ventana **para que entre el aire fresco**.
  신선한 공기가 들어오도록 나는 창문을 연다.
- Lo compro **para que te lo pongas**.
  나는 네가 그것을 입도록 하기 위하여 그것을 산다.
- Recemos **porque llueva**.
  비가 오도록 기도합시다.

- Lo hice **porque tuvieras más tranquilidad**.
  나는 네가 좀 더 평정을 찾을 수 있도록 그것을 했다.
- Compré este abrigo **a fin de que te lo pusieras**.
  나는 너에게 입히려고 이 외투를 샀다.
- Habló despacio **de manera que todos la entendieran**.
  그녀는 모두가 이해할 수 있도록 천천히 말했다.
- Salí **de suerte que vieras que no pasaba nada**.
  아무 일도 일어나지 않았다는 것을 네가 알 수 있도록 내가 나갔다.
- Lo escribo **con el objeto de que me comprendan los alumnos**.
  나는 학생들이 나를 이해하도록 그것을 쓴다.

- Lo hice **con la idea de que todos quedaran contentos**.
- Lo hice **con la intención de que todos quedaran contentos**.
- Lo hice **con el propósito de que todos quedaran contentos**.
  나는 모든 사람들이 만족할 수 있도록 그것을 했다.

'목적'은 희망과 가능성을 표현하기 때문에, 목적을 표현하는 부사절의 동사는 항상 접속법 형태를 취한다.

- Ha ido **a que le saquen una muela**.
  그는 어금니를 뽑으러 갔다.
- **Para que no le molestaran**, se fue.
  사람들이 그를 괴롭히지 않도록 그는 떠났다.
- Ha venido **porque le vean**.
  사람들이 그를 볼 수 있게 그가 왔다.

전치사 a, por, para, a fin de 등과 함께 부정사가 '목적'를 표현할 수 있다. 부정사는 주절의 주어와 종속절의 주어가 같은 경우에 사용된다. 그러나 주절과 종속절의 주어가 다른 경우에는 접속사 que를 사용하여 절을 만들어야 한다. 따라서 부정사가 사용되는 경우는 복문이 아니고 단문이다.

- Trabajo mucho **para seguir estudiando**. [단문]
  나는 공부를 계속하기 위하여 열심히 일한다.
- Trabajo mucho **para que mi hijo siga estudiando**. [복문]
  나의 아들이 공부를 계속하도록 나는 열심히 일한다.

- Voy a salir **después de comer**. [단문]
  나는 식사한 다음에 나갈 것이다.
- Voy a salir **después de que mi madre coma.** [복문]
  나는 어머니가 식사를 하신 후에 나갈 것이다.

제6장 스페인어 문장의 특징

6. 스페인어 문장의 특징

6.1 대명사의 용법과 기능

스페인어에서 대명사는 형태・기능면에서 매우 다양하기 때문에, 복잡한 범주를 구성한다. 스페인어의 대명사에는 인칭대명사, 지시대명사, 소유대명사, 부정대명사, 의문대명사, 감탄대명사 등이 있다.

- **Ellos me** han enviado **esto**.
  그들이 나에게 이것을 보냈다.
- **Algunos** se sabían la lección que mandó el profesor.
  어떤 사람들은 선생님이 보내준 그 과를 알고 있었다.
- **Estos** son mis libros, y aquellos cuadernos son **tuyos**.
  이것들은 나의 책이고 저 공책들은 너의 것이다.

대명사는 명사를 대체하는 형태이며, 명사와 동일한 기능을 수행한다. 그러나 어떤 경우에는 특별한 형태를 나타내기도 한다.

Este	me	lo	dio.
주어	간접목적어	직접목적어	동사

Tú	vendrás	conmigo.
주어	동사	상황보어

Todo	será	para ti.
주어	동사	간접목적어

대명사는 부사처럼 고유한 의미를 갖지 않고 대체되는 단어나 문장에 따라 매 순간 의미를 새로 갖게 된다.

Antonio ha traído este regalo para mi madre.
→ Él(Antonio) lo(regalo) ha traído para ella(mi madre).

Tu hermano dio un beso a tu novia.
→ Él(tu hermano) se(le, novia) lo(beso) dio.

첫 번째 문장에서, 대명사 él(그 남자)은 위에서는 Antonio를 대신하지만, 다른 경우에서는 Carlos, Luis, Felipe 등 아무 남성이나 모두 대신할 수 있다. 그리고 lo는 남성 단수 명사는 무엇이든 대신할 수 있는 직접목적대명사이다. 두 번째 문장에서, se는 간접목적대명사 le가 대체된 형태이다. 이와 같이 대명사는 의미가 정해진 것이 아니고 각 문장에서 어느 것이나 인칭 · 성 · 수에 일치하여 각 순간마다 다른 대상을 가리키는 것이다. 즉 어느 누구나 남자는 모두 él(그)이 될 수 있고 어느 누구나 여자는 ella(그녀)가 될 수 있는 것이다.

현대 스페인어에서 대명사의 중복 사용이 점차 증가하고 있다. 명사를 배제하고 언어를 간소화하고 신속하게 표현할 수 있는 장점 때문이다. 또 대명사는 다양한 문체를 제공하고 불필요한 반복을 피할 수 있게 해준다.

- A tu padre **le** vi ayer y **le** felicité.
  나는 어제 너의 아버지를 만나 뵙고 그분을 축하해드렸다.
- **Le** das luego este recado a tu padre.
  너는 나중에 아버지께 이 메모를 전해드려라.

대명사의 용법은 어느 언어에서나 유사하지만, 다소 차이가 있다. 대부분의 언어에서는 주격인칭 대명사가 문장 맨 앞에 위치하는 것이 일반적인 현상이다. 그러나 스페인어에서는 대명사의 사용이 다르다. 스페인어에서 주격인칭 대명사와 동사 cantar의 현재 시제는 다음과 같다.

	단수	복수
1인칭	**yo** canto	**nosotros** cantamos
2인칭	**tú** cantas	**vosotros** cantáis
3인칭	**él** canta	**ellos** cantan

주어에 따른 동사 cantar의 시제는 위와 같다. 그러나 실제로 주격인칭대명사를 생략하여, Canto, Cantas, Canta 등과 같이 표현하는 경향이 강하다. 문법 범주로서 대명사의 다양한 형태와 표현기능을 살펴보자.

6.2 인칭대명사

6.2.1. 인칭대명사의 형태

인칭대명사는 대화에 참여하는 사람을 가리키기 위하여 사용하는 형태이다.

- **Yo** trabajo en Madrid. 나는 마드리드에서 일하고 있다.
- **Tú** vendrás conmigo. 너는 나와 함께 가게 될 거야.
- **Ella me** ama mucho. 그녀는 나를 매우 사랑한다.
- **Ellos se** odian. 그들은 서로 미워한다.
- **Nosotros nos** tuteamos. 우리들은 서로 말을 놓고 지낸다.
- **Ustedes** son muy amables. 당신들은 참 친절하십니다.

대화에 참여하는 사람은 다음과 같다.

(1) 1인칭: 말하는 사람

- **Yo** nací en Sevilla. 나는 세비야에서 태어났다.
- **Nosotros** somos estudiantes. 우리들은 학생이다.

(2) 2인칭: 말을 듣는 사람

- **Tú** naciste en Valladolid. 너는 바야돌릿에서 태어났다.
- **Vosotros** vivís en Madrid. 너희들은 마드리드에 살고 있다.

(3) 3인칭: 1인칭과 2인칭을 제외한 모든 사물과 사람

- **Él** dijo que no lo haría. 그는 그것을 하지 않겠다고 말했다.
- **Ellos** aceptaron la propuesta. 그들은 그 제안을 받아들였다.

인칭대명사는 성·수에 따라, 그리고 문장 안에서 수행하는 기능에 따라 형태가 다르다. 문장 안에서 수행하는 기능에 따라 다양한 인칭대명사의 형태를 보자.

	1인칭		2인칭		3인칭	
	단수	복수	단수	복수	단수	복수
주 격	yo	nosotros nosotras	tú	vosotros vosotras	usted	ustedes
직접목적격	me	nos	te	os	lo(le), la	los, las
간접목적격	me	nos	te	os	le	les
전치격	mí	nosotros nosotras	ti	vosotros vosotras	usted	ustedes

	3인칭 (남성)		3인칭 (여성)		3인칭 단수 (중성)	3인칭 재귀형
	단수	복수	단수	복수		단수・복수
주 격	él	ellos	ella	ellas	ello	-
직접목적격	lo(le)	los	la	las	lo	se
간접목적격	le	les	le	les	le	se
전치격	él	ellos	ella	ellas	ello	sí

6.2.2. 인칭대명사의 용법

인칭대명사는 의미와 기능, 용법에 따라서 매우 다양한 형태를 나타낸다. 그래서 대명사의 사용에 혼동이 빈번하게 나타나고 어려움이 따르고 심지어는 잘못 사용되는 경우도 빈번하다.

(1) 3인칭 직접목적 대명사의 형태는 lo(le), la, los las이고, 간접목적 대명사의 형태는 le, les이다. 이 형태들이 유사하기 때문에, 그 사용에 있어서 오류가 발생하기도 한다. 지역에 따라 사용의 차이점도 나타나고, 사용 기준이 명확하지 않은 경우도 있다.

- A Juan **lo** vimos ayer. (o)
  우리는 어제 후안을 만났다.
- A Juan **le** vimos ayer. (o)

- A María **la** vimos ayer. (o)
  우리는 어제 마리아를 만났다.
- A María **le** vimos ayer. (x)

- A los estudiantes **los** vimos ayer. (o)
  우리는 어제 그 학생들을 만났다.
- A los estudiantes **les** vimos ayer. (x)

- A María y Juana **las** vimos ayer. (o)
  우리는 어제 마리아와 후아나를 만났다.
- A María y Juana **les** vimos ayer. (x)

- Al gato **lo** vimos en el jardín. (o)
  우리는 정원에서 고양이를 봤다.
- Al gato **le** vimos en el jardín. (x)

- **Le** dije a tu madre toda la verdad. (o)
  나는 너의 어머니께 모든 사실을 말했다.
- **La** dije a tu madre toda la verdad. (x).

- **Les** di todo lo que tenía. (o)
  나는 내가 갖고 있던 모든 것을 그들에게 주었다.
- **Los** di todo lo que tenía. (x)

위에서 볼 수 있듯이, 직접목적 대명사 le는 직접목적어가 남성 사람일 경우에 사용할 수 있고, 여성이나 동물, 사물에게는 사용할 수 없다. 그리고 직접목적어가 남성 사람이며 복수일 경우에 les를 사용하는 것은 옳지 않다. 직접목적대명사에 단수형

le는 존재하지만 복수형 les는 존재하지 않는다. 또한 직접목적대명사 lo, la, los, las는 간접목적대명사로는 사용하지 않는다.

(2) 전치격 인칭대명사 mí, ti, sí는 항상 전치사의 지배를 받는다. 이 인칭대명사가 전치사 con과 함께 사용되는 경우에는 conmigo, contigo, consigo 등과 같은 어휘화된 특별한 형태를 구성한다.

- Yo pienso **en ti**. 나는 너를 생각한다.
- Tú piensas **en mí**. 너는 나를 생각한다.
- Ella piensa **en sí**. 그녀는 그녀 자신을 생각한다.
- Ellos trabajan **para ella**. 그들은 그녀를 위하여 일한다.
- Ella trabaja **para sí**. 그녀는 자기 자신을 위하여 일한다.

- Tu hermano vino **conmigo** al fútbol.
  네 형이 나와 함께 축구장에 왔다.
- Queremos cenar **contigo** esta noche.
  우리는 오늘 밤 너와 함께 저녁식사를 하기 원한다.
- Juan cogió el balón y se lo llevó **consigo**.
  후안은 공을 집어 들고 가버렸다.
- Él lleva el libro **consigo**.
  그는 손수 책을 갖고 다닌다.

(3) 3인칭 형태 sí는 성・수에 따라 형태가 변하지 않는다.

- Es **para sí**. (para él, para ella, para ellos, para ellas)
  자기 자신을 위한 것이다.

이렇게 의미적으로 명확하지 않기 때문에 별로 사용되지 않으며, 대부분 문어체에서 사용된다. 구어체에서 sí는 él, ella, ellos, ellas로 대체되었으며, 화자들에게는 정확한 의미를 전달한다.

- Esto se lo guardó **para sí**.
- Esto se lo guardó **para él**(ella, ellos, ellas).

그와 같은 현상이 consigo에서도 발생한다. 따라서 의미가 더 명확한 다른 대명사로 대체되었다.

- … Luego el joven se fue **consigo**.
- … Luego el joven se fue **con él**(ella, ellos, ellas).

(4) 현대 스페인어에서 목적어와 대명사의 중복 사용이 점차 증가하고 있다. 이런 중복 사용은 직접목적대명사와 간접목적대명사에 모두 적용된다.

- **A tu hermano le** vi en el parque. [직접목적 대명사]
  나는 공원에서 너의 형을 만났다.
- **A tu hermana le** dimos un libro. [간접목적 대명사]
  우리는 너의 여동생에게 책 한권을 주었다.

- Al camarero no le dierion una propina.
- La propina no la dieron al camarero.
- Al camarero la propina no se la dieron.
  웨이터에게 팁을 주지 않았다.

6.2.3 목적대명사의 위치

(1) 일반적으로 목적대명사는 동사 앞에 위치하며, [간접목적대명

사+직접목적대명사]의 순서로 위치한다.

- Nunca me hacen caso. 그들은 나에게 전혀 관심을 갖지 않는다.
- Te ayudaré. 내가 너를 도와줄게.
- Quiero que me ayudes. 네가 나를 도와주기를 바란다.
- Te lo ruego. 너에게 그것을 간청한다.

완료시제에서 목적대명사는 조동사 haber 앞에 위치한다.

- Lo habían pagado al contado. 그들은 그것을 현찰로 지불했다.
- Te he escuchado con atención. 나는 네 말을 주의해서 들었다.
- Si lo tuviera tenido, te lo daría.
  내가 그것을 갖고 있었다면 너에게 주었을 텐데.
- Le he pedido que me diese más tiempo para acabar el trabajo.
  그 일을 끝내도록 시간을 더 달라고 그에게 부탁했다.

문어체의 경우에 긍정문에서 동사가 목적대명사(재귀대명사를 포함하여)가 동사 뒤에 붙은 형태로 사용되기도 한다.

- Díjome esas palabras con mucho fervor, pero me fue imposible creerlo.
  그는 나에게 그 것을 매우 열심히 말했지만 나는 그것을 믿을 수 없었다.

(2) 긍정명령에서는 목적대명사가 동사 뒤에 붙고, 부정명령문에서는 목적대명사가 동사 앞에 위치한다.

- Ayúdame. 나를 도와줘. [긍정명령]
- No me ayudes. 나를 도와주지 마. [부정명령]

- Dímelo 나에게 그것을 말해. [긍정명령]
- No me lo digas. 나에게 그것을 말하지 마. [부정명령]

(3) 현재분사가 사용된 경우, 목적대명사는 현재분사 뒤에 위치한다.

- Es más fácil aprender una poesía recitándola varias veces.
  시를 여러 번 읊으면서 배우는 것은 쉽다.

완료형 현재분사의 경우에는 목적대명사가 보조동사 haber에 붙는다.

- Habiéndolo sabido antes, te habría podido avisar.
  그것을 이전에 알았다면 너에게 알려주었을 텐데.

현재분사가 동사 estar와 함께 사용된 경우에, 목적대명사는 동사구 앞에 위치하거나 현재분사 뒤에 붙는다.

- Alguien estaba leyéndolo. 누군가 그것을 읽고 있다.
- Alguien lo estaba leyendo.

- Ella estaba explicándoselo. 그녀가 그것을 그들에게 설명하고 있었다.
- Ella se lo estaba explicando.

현재분사가 ver, escuchar, sentir 등과 같은 지각동사와 함께 사용된 경우에, 직접목적대명사가 지각동사 앞에 위치하면 지각동사의 내용을 언급하며 종속된 현재분사의 내용을 언급하지 않는다.

- Yo lo vi hablando con ella.
  나는 그를 보았는데, 그는 그녀와 얘기하고 있었다.

현재분사 뒤에 붙는 목적대명사는 현재분사의 내용을 언급한다.

- Yo lo vi pegándole una paliza a ella.
  (= Él le pegaba una paliza a ella y yo lo vi.)
  나는 그가 그녀를 몽둥이로 때리는 것을 보았다.

(4) 부정사가 사용된 경우, 목적대명사는 일반적으로 부정사 뒤에 위치한다.

- Quererlo no es conseguirlo. 그것을 원한다고 성취하는 것은 아니다.
- Hay que hacérselo saber. 그들에게 그것을 알려야 한다.

부정사가 주어의 기능을 갖는 경우에는 목적대명사는 부정사 뒤에 위치한다.

- Es una nana preciosa y me gusta cantarla.
  매우 좋은 자장가라서 나는 그 자장가를 부르는 것이 좋다.
- No es bueno tomárselas sin agua. (las = las pastillas)
  물 없이 알약을 먹는 것은 좋지 않다.
- Las plantas están bien ahí; no conviene cambiarlas de sitio.
  그 식물은 여기서 잘 자란다. 장소를 옮기는 것은 좋지 않다.

부정사가 직접목적어의 기능을 갖고 있는 경우에, 목적대명사는 동사의 앞에 위치할 수도 있다.

- Quieren hacerte daño. [hacer: 직접목적어]
- Te quieren hacer daño.
  그들이 너를 해하려 한다.

- No puedo cogerla, está demasiado arriba. [coger: 직접목적어]
- No la puedo coger, está demasiado arriba.
  나는 그것을 잡을 수가 없어. 너무 높이 있어.

mandar, ordenar 등과 같은 명령을 의미하는 동사 뒤에 사용된 부정사는 직접목적어의 기능을 갖는다. 이 경우에 목적대명사의 위치에 따라 의미가 변한다.

- Mandé comprarle la casa. 그에게 집을 사주라고 명령했다.
  (그에게 집을 사주라는 명령을 함. 명령받은 사람은 나타나 있지 않다.)
- Le mandé comprar la casa. 나는 그에게 집을 사라고 명령했다.
  (집을 사라는 명령을 그에게 했다.)

부정사가 ir, venir, salir 등과 같이 이동을 의미하는 동사, 그리고 aspirar, tender 등과 같은 동사와 연결되어 사용되는 경우 목적대명사는 부정사 뒤에 붙는다.

- Fueron a buscarlo. 그들은 그를 찾으러 나갔다.
- Salieron a verlo. 그들은 그를 만나러 나갔다.
- Participan atletas magníficos en esta carrera, pero Juan aspira a ganarla.
  이 경기에 훌륭한 선수들이 참가했지만, 후안은 경기에서 이기기를 바란다.

동사구 [ir a + infinitivo]에서는 두 가지 형태가 가능하다. 이 경우에는 동사 ir는 '가다'라는 의미를 갖지 않고, 가까운 미래나 무언가를 할 것이라는 예정을 표현하는 동사구를 형성한다.

- Mi madre va a comprármelo.
- Mi madre me lo va a comprar.
  우리 엄마는 나에게 그것을 사줄 거야.

동사구 [volver a + infinitivo]도 [ir a + infinitivo]와 같다.

- La puerta se cerró y volvió a abrirse.
- La puerta se cerró y se volvió a abrir.
  문은 닫혔다가 다시 열렸다.

부정사가 시간, 목적, 원인 등을 나타내는 상황보어의 기능을 갖는 경우에, 목적대명사는 부정사 뒤에 붙는 형태만 가능하다.

- Perdí el monedero al bajarme del autobús. (시간의 상황보어)
  나는 버스에서 내리다가 지갑을 분실했다.
- Trabajaba para pagarse los estudios. (목적의 상황보어)
  학비를 지불하기 위하여 일하고 있었다.

6.3 관계대명사

관계사는 두 절의 관계를 연결해주는 것을 의미하며, 관계사에는 관계대명사, 관계형용사, 관계부사가 있다. 관계대명사는 명사인 동시에 선행사인 것을 대체하기 위하여 사용되는 특별한 형태이다. 즉 'ese es el hombre'와 'el hombre te busca', 두 표현에서 명사 hombre는 관계대명사 que로 대체되는 것이다.

ese es el hombre - el hombre te busca → Ese es el hombre que te busca.
el libro es interesante - leo el libro → El libro que leo es interesante.

관계대명사는 종속절에서 사용되며, 선행사를 대신하면서 종속절과 선행사를 연결해주는 역할을 한다. 즉 형용사(관계)절을 유도하여 절과 절을 연결해주는 기능을 갖고 있는 것이다.

- El jugador **que** metió un gol era mi amigo. [관계절의 주어]
  골을 넣은 선수가 나의 친구였다.
- El señor **que** viene aquí es mi padre. [관계절의 주어]
  여기로 오시는 분이 나의 아버지이다.
- El coche **que** tenemos es nuevo. [관계절의 직접목적어]
  우리가 갖고 있는 자동차는 새 차이다.
- Aquel es el alumno **a quien** dimos un libro. [관계절의 간접목적어]
  저 사람이 우리가 책을 준 그 학생이다.

6.3.1. QUE

관계대명사 que는 사람과 사물을 모두 언급할 때 사용된다. 형태는 변하지 않고 관사를 허용하며, 가장 많이 사용된다.

- Ese es la puerta **por que** escapó. (x)
- Ese es la puerta **por la que** escapó. (o)
  그것이 그가 탈출한 문이다.

여기서 por que는 접속사 porque와 혼동의 여지가 있기 때문에 관사를 넣은 por la que를 사용하는 것이 좋다.

관계대명사 que가 선행사가 시간, 장소의 상황보어를 표현하는 경우에 전치사 없이 사용될 수 있지만, 해당하는 동사의 문장 형식이 요구하는 전치사를 사용해야 한다.

- el día **en que** lo vi (o) 내가 그를 본 날 [시간]
- el día **que** lo vi (o)

- el edificio **en que** trabajamos (o) 우리가 일하는 건물 [장소]
- el edificio **que** trabajamos (x)

[en que]는 시간이나 장소의 표현 뒤에 자주 사용된다. 시간을 나타내는 día, semana, mes, año, momento 뒤에서는 전치사 en이 생략될 수 있다. 그러나 장소를 표현하는 선행사 뒤에서는 전치사 en이 생략될 수 없다.

- el día **(en) que** nací 내가 태어난 날 [시간]
- la casa **en que** nací 내가 태어난 집 [장소]

- la casa **en que** vivimos 우리들이 사는 집 [장소]
- la casa **donde** vivimos

- el momento **(en) que** ocurrió esto 이것이 일어난 순간
- el año **(en) que** nos casamos 우리가 결혼한 해
- el mes **(en) que** llovió tanto 그렇게나 비가 많이 온 달

6.3.2. CUAL(ES)

관계대명사 que와 마찬가지로, 선행사는 사람이나 사물 모두 가능하며, 주어, 목적어, 전치사의 목적어의 기능을 갖는다. 또 항상 정관사나 중성관사 lo를 동반한다. 복수 형태 cuales는 남성

· 여성 동일하다. cual(es)에 앞에 오는 정관사는 지시적 기능을 갖고 있으며 선행사의 성 · 수에 일치하여 el cual, la cual, los cuales, las cuales가 된다. 주로 앞에 쉼표가 표기되어 설명적 용법에서 사용된다.

- La niña a **la cual** vimos, era mi hermana.
  우리가 본 그 여자아이가 나의 동생이다.
- Las niñas, a **las cuales** dieron dinero, son de Barcelona.
  그들이 돈을 준 그 여자아이들은 바르셀로나 출신이다.
- La ventana **por la cual** había entrado el ladrón estaba abierta.
  도둑이 들어왔던 창문은 열려 있었다.

6.3.3. QUIEN(ES)

quien(es)은 사람이나 의인화된 사물이나 동물에게만 사용하며, 성에 따라 변화하지는 않으며, 제한절의 주어로는 사용될 수 없다. quien(es)은 선행사와 함께 주어, 목적어, 혹은 전치사의 목적어로 사용된다. 다음과 같은 조건에서 사용되며, 이 외의 경우에는 que나 el que를 사용한다.

(a) 설명적으로 사용된다.
(b) 선행사를 내포하는 quien(es)으로 사용된다.
(c) 전치사가 있는 경우에 [전치사+quien]의 형태로 쓰인다.

- Mi hijo, **quien** es abogado, terminó su estudio en Harvard.
  나의 아들은 변호사인데 하버드 대학에서 수학하였다. [설명적 용법]
- Fue ella **quien** le empezó a besar. [선행사 내포]
  그에게 키스를 하기 시작한 사람은 그녀였다.
- Ella es la mujer **con quien** yo he soñado desde niño.
  그녀는 내가 어렸을 때부터 꿈꿔온 여인이다.

- Los niños a **quienes** vimos ayer en la calle eran huérfanos.
  어제 우리가 길에서 본 그 아이들은 고아였다.
- La chica a **quien** llamamos era mi prima.
  우리가 불렀던 그 소녀는 나의 사촌이었다.

[사람+quien(es)]의 형태로는 사용되지 않는다.

- el hombre **quien** habla inglés (x)
- el hombre **que** habla inglés (o)

6.3.4. CUANT(AS)

cuanto(as)는 사람과 사물 모두에 사용하며 성・수에 따라 형태가 변한다. 다음과 같이 관계대명사, 관계형용사, 관계부사의 기능을 갖고 있다.

- Tiene **cuanto** quiere. (=todo lo que) [관계대명사]
  그는 원하는 것을 전부 갖고 있다.
- Le di **cuantos** libros pidió. (todos los libros que pidió)
  나는 그가 요구한 책들을 모두 주었다. [관계형용사]
- Le ayudé **cuanto** pude. [관계부사]
  나는 가능한 한 그를 도와주었다.

관계대명사로 사용되는 cuanto(as)는 'todo lo que… (…하는 모든 것)'이라는 의미로 사용되며 선행사를 내포하며, 성・수에 따라 형태가 변한다. 구어체 표현에서 사용되는 관계대명사 cuanto(as)는 주로 todo(as)의 의미를 내포하고 있지만 cuanto(as) 앞에 todo(as)를 첨가한 것은 강조를 표현하기 위한 것이다. 따라서 todo(as) cuanto(as), 혹은 단순하게 cuanto(as)로 사용되며,

todo cuanto, cuanto는 중성형태로 사용되는 것이다.

- Estos son todos los libros **cuantos** tengo.
  이것이 내가 갖고 있는 모든 책이다.
- He traído todas las monedas **cuantas** vi.
  내가 본 동전을 모두 갖고 왔다.
- **Cuantos** vinieron aquí fueron recibidos.
  이곳에 온 사람들은 모두 환영받았다.
- Todos **cuantos** cantan ahora son ingleses.
  지금 노래하고 있는 모든 사람들은 영국 사람이다.
- Perdí **cuanto** tenía.
  나는 내가 갖고 있던 모든 것을 잃어버렸다.
- Te daré **cuanto** tengo mañana.
  내가 내일 갖게 될 모든 것을 너에게 주겠다.

6.3.5. CUYO(AS)

관계형용사 cuyo(as)는 소유형용사의 의미를 갖고 있다. '…의'라는 의미로 de que, de quien, del cual에 해당한다고 할 수 있다. 사람과 사물 모두 선행사로 올 수 있지만, 형용사적인 특성 때문에 선행사의 성・수에 일치하지 않고 소유되는 대상인 명사의 성・수에 일치하여 cuyo, cuya, cuyos, cuyas로 변화한다. 이 명사가 하나 이상일 경우에는 cuyo의 성・수는 첫 번째 명사에 일치한다. 제한절이나 설명절에서 사용될 수 있다.

- una mujer **cuyas** manos y pies estaban quemados por el sol
  손과 발이 햇볕에 탄 여인
- una chica **cuyos** ojos son azules
  눈이 푸른 소녀
- una medida **cuyos** efectos son imprevisibles
  효과가 예측될 수 없는 조치

- el árbol **cuyas** flores perfuman el aire
  공기를 향기롭게 하는 꽃이 피는 나무
- Ese es el autor **cuyos** libros leemos en la clase de literatura.
  그는 작가인데 우리는 그의 책을 문학 수업에서 읽고 있다.
- Busco a la persona **cuyo** coche está estacionado delante de mi garaje.
  나는 내 차고 앞에 주차되어 있는 차의 사람(주인)을 찾고 있다.
- Este es el nuevo cantante **cuyas** canciones han ganado muchos premios.
  이 사람이 새로 나온 가수인데 그의 노래들이 상을 많이 받았다.

관계대명사 cuyo는 특별한 대명사로 소유형용사와 관계대명사의 기능을 동시에 수행한다. 그래서 선행사에 일치하지 않고 cuyo 다음에 오는 명사에 일치한다.

- La casa **cuyas puertas** son rojas, es mía.
  (La casa es mía. Sus puertas son rojas.)
  문이 빨간 집이 나의 집이다.

6.4 SE의 용법

6.4.1. 인칭대명사 (간접목적대명사)

스페인어의 목적격 대명사는 [간접목적대명사+직접목적대명사+동사]의 순서로 나타난다. 따라서 목적어가 명사일 경우와 대명사일 경우에 문장의 어순이 바뀌게 된다. 그리고 '그에게 그것을'이라고 말하는 경우, 즉 간접목적대명사와 직접목적대명사가 동시에 3인칭일 경우에는 'le lo'라고 하지 않고 'se lo'라고 한다. 결국 여기서 말하는 se는 le나 les가 변화한 형태이다. se는 단수 · 복수에 모두 사용되는 불변형태이다.

- Le presté el libro. 나는 그에게 책을 빌려 주었다.
- **Se** lo presté. 나는 그에게 그것을 빌려 주었다.

- ¿Les mandaste las fotos? 너는 그들에게 사진들을 보냈니?
- ¿**Se** las mandaste? 너는 그들에게 그것들을 보냈니?

- Les vendió la casa. 그는 그들에게 집을 팔았다.
- **Se** la vendió. 그는 그들에게 그것을 팔았다.

- Le quitaron los juguetes. 그들은 그에게서 장난감을 빼앗았다.
- **Se** los quitaron. 그들은 그에게서 그것을 빼앗았다.

간접목적대명사로만 사용된 경우에는 그 의미가 애매하기 때문에, 명사나 대명사로 구성된 중복형태를 사용하는 경우가 많다.

- Se lo di.
- Se lo di a él. 나는 그것을 그에게 주었다.

- Se lo di.
- Se lo di a mi hermana. 나는 그것을 나의 여동생에게 주었다.

- Se lo di.
- Se lo di a mis padres. 나는 그것을 나의 부모님께 드렸다.

6.4.2. **동사의 형태소**

대명사 SE가 동사의 일부를 구성하게 되어 SE없이는 사용될 수 없는 경우를 말한다.

acurrucarse 웅크리다	jactarse 으스대다
arrepentirse 후회하다	obstinarse 고집하다
condolerse 동정하다	quejarse 불평하다
dignarse+inf. …해 주시다	suicidarse 자살하다

- Mi gato **se acurruca** en el sofá como si fuera un ovillo.
  나의 고양이는 마치 실꾸리처럼 소파에 웅크리고 있다.
- Mi padre no **se arrepiente** de nada.
  나의 아버지는 어떤 것에도 후회하지 않는다.
- **Se jacta** de ser el más fuerte de todos.
  그는 모든 사람 중에 가장 힘세다고 으스댄다.
- **Te quejas** de todo, no aguantas nada.
  너는 항상 불평하는구나. 전혀 참지를 못하네.
- **Suicidarse** es quitarse la vida voluntariamente.
  자살하는 것은 스스로 목숨을 끊는 것이다.
- El rector **se dignó** de venir a la inauguración del restaurante.
  총장께서 레스토랑 개업식에 와주셨다.
- **Me conduelo** por sus aflicciones.
  당신의 슬픔에 동정합니다.

6.4.3. 무의지의 SE

'무의지'의 SE는 재귀수동의 SE의 변화 형태라고 할 수 있다. 무의지의 SE는 주어의 의도된 행동 없이, 그리고 주어의 의지와는 관계없이 발생한 사건을 언급하는데 사용한다.

(a) Olvidé su nombre. 그의 이름을 잊었다.

(b) Se me olvidó su nombre. 그의 이름이 잊혀졌다.

문장 (a)는 일반적으로 '잊었다'라는 표현이지만, (b)는 이름을 잊고 싶지는 않았는데 '나의 의지와는 관계없이 이름이 저절로 잊혀졌다'라는 책임 회피의 의도가 내포되어 있다. 따라서 이 경우의 se를 '무의지'의 SE라고 한다. 즉 주어는 행하지 않았는데 발생한 사건을 표현한다. 예를 들면, '돈을 잃어버렸다', '(글을 쓰다가) 펜을 떨어뜨렸다', '(설거지를 하다가) 접시를 깨뜨렸다', '(책 갖고 오는 것을) 잊어버렸다' 등과 같이 주어의 의지와 무관하게 발생한 사건을 표현한다. '무의지'의 SE의 문장구조는 다음과 같다.

SE	간접목적어	동사(3인칭)	주어
Se	me	olvidó	su nombre
Se	me	cayó	el bolígrafo
Se	me	cayeron	los platos

동사는 3인칭 단·복수 형태이고, 이 동사의 주어는 주로 사물이 된다. 그리고 행동에 발생된 사람은 간접목적어로 나타난다. 즉 '그의 이름이 나에게서 잊혀졌다'라는 의미가 된다. 결국, '어떤 일이 나의 의지와 상관없이 발생하였고, 또 그 일이 나와 관계가 있다'라는 표현이다.

- **Se** me perdió el dinero. 나는 돈을 잃어버렸다.
- **Se** me cayeron las tazas. 나는 찻잔을 떨어뜨렸다.
- **Se** me rompieron las tazas. 나는 찻잔들을 깨고 말았다.
- **Se** me salta la risa. 나는 웃음을 터뜨렸다.
- **Se** me ha parado el despertador. 자명종 시계가 멈추고 말았다.
- **Se** me olvidó llamarlo. 나는 그에게 전화하는 것을 잊었다.
- **Se** me ocurrió una buena idea. (나에게) 좋은 생각이 떠올랐다.
- **Se** nos acabó la gasolina. 우리는 휘발유가 떨어졌다.

- **Se** me acabó el dinero. 나는 돈이 떨어졌다.
- **Se** me subió la presión. 나의 혈압이 올라갔다.

지금까지는 사람이 모두 대명사로 나타났지만, 사람이 일반명사와 고유명사로 나타나는 경우도 있다. 이 경우에는 **[A+명사/고유명사+se+le+V+S]**의 형태를 취한다.

- **A la cantante se** le salió un gallo.
  그 여가수는 (노래하다가) 삑사리를 내버렸다.
- **A Carlos se** le paró el corazón y se puso pálido.
  까를로스는 심장이 멈췄고 얼굴은 창백해졌다.

6.5 QUE의 용법

QUE는 스페인어에서 가장 많이 사용되는 단어 중의 하나이며, 그 용법과 기능이 매우 다양하다. 주로 관계대명사와 의문대명사의 대명사의 기능과 연결요소나 접속사의 기능으로 구분된다.

6.5.1. 대명사의 기능

(1) 관계대명사 ☞ 6.3.

- El señor **que** ha pasado es el profesor.
  지나가신 분이 선생님이야.
- Los niños **que** vemos son mis hijos.
  우리가 보고 있는 그 아이들은 나의 자식들이다.
- La casa **en que** vivimos ahora está cerca de aquí.
  우리가 지금 살고 있는 집은 여기서 가까운 곳에 있다.

(2) 의문대명사 · 감탄사

- Dime **qué** quieres.
  무엇을 원하는지를 나에게 말해라.
- No sabemos **qué** ha ocurrido.
  우리는 무슨 일이 일어났는지 모른다.
- No sabía **qué** hacer. [qué+inf.]
  나는 무엇을 해야 할지 몰랐다.
- ¡**Qué** bonita es tu mirada cuando me ves!
  나를 바라볼 때 너의 시선이 참 아름답구나!
- ¿**Qué** prefieres, ir en avión o ir en tren?
  비행기로 가는 것과 기차로 가는 것 중에, 너는 무엇이 더 좋으니?

6.5.2. 접속사

(1) 명사절의 연결

- Es probable **que** llueva.
  비가 올 것 같다.
- Más vale **que** te calles.
  네가 잠자코 있는 것이 더 낫다.
- Es justo **que** los esposos compartan los quehaceres.
  부부가 일을 분담한다는 것은 당연한 일이다.
- Temo **que** perdamos la eliminatoria.
  나는 우리가 예선전에서 패할까봐 걱정이다.
- La ley prohíbe **que** la gente posea armas.
  법은 사람들이 무기를 소지하는 것을 금지한다.
- Me agrada **que** vengáis a verme tan a menudo.
  너희들이 그렇게 자주 나를 보러 오니 나는 기쁘다.

(2) 부정사의 연결

- ¿Tienes algo **que** hacer? 너는 무슨 할 일이 있니?
- Todos tenemos **que** estudiar. 우리 모두는 공부해야 한다.
- Hay **que** ayudar a los pobres. 불우한 사람들을 도와주어야 한다.

(3) 강조

- ¡**Que** vengas ahora mismo!
  지금 바로 오란 말이야!
- ¡**Que** de noche le mataron al caballero!
  밤에 사람들이 그 신사를 죽였단 말입니다!
- **Que** debéis obedecer todos, y es mi última recomendación.
  너희들 모두 복종하란 말이다. 이것이 나의 마지막 충고이다.

(4) 대립의 개념

① **[(que)+접속법+que+no+접속법]** …하든지 안 하든지 간에

- **Que** quieras, **que** no quieras, estarás conmigo.
  네가 원하거나 원치 않거나, 너는 나와 함께 있을 것이다.
- **Que** te toque a ti, **que** me toque a mí, todo queda en casa.
  네 차례가 되거나 내 차례가 되거나 모두 집에 남아 있게 된다.
- **Quieras que no quieras**, yo lo haría.
  네가 원하거나 말거나, 나는 그것을 할 것이다.

② **[접속법+que+no+접속법]** …하든지 안 하든지 간에

- Quiera **que** no quiera, lo haré.
  그가 원하든 원치 않든지 간에 나는 그렇게 할 것이다.

- Quieras **que** no (quieras), tendrá que venir.
  네가 원하든지 원치 않든지 간에 그는 와야 할 것이다.
- Venga **que** no venga, no lo logrará.
  그가 오거나 말거나 그는 그것을 성취하지 못할 것이다.

③ **[긍정(A), que+부정(B)] A이지 B는 아니다 (y 대신 쓰인다)**

- Trabaja, **que** no estudia.
  그는 일을 하지 공부를 하지 않는다.
- Necesito dinero, **que** no consejos.
  내가 필요한 것은 돈이지 충고는 아니다.
- Lo dijo él, **que** no yo.
  그가 그것을 말했지 내가 말한 것이 아니다.

(5) 양보의 개념

- A mí, **que** no solía ser muy llorón, me hizo llorar.
  나는 그리 울보가 아니었는데, 나를 울렸다.
- La niña, **que** debía estar agradecida, también protestó.
  고마워했어야 할 그 여자아이도 항의했다.

(6) 원인의 개념

- No esperes, **que** no iré.
  나는 가지 않을 테니, 기다리지 마라.
- Vámonos, **que** ya es tarde.
  이제 늦었으니, 우리 가자.
- Tápate, **que** se te ve la cicatriz.
  너의 흉터가 보이니 가려라.
- Debemos salir pronto, **que** luego hay mucho tráfico.
  나중에 길이 막힐 테니, 우리는 곧 출발해야 한다.

- No vengas, **que** está mi madre enfadada.
  우리 엄마가 화나셨으니 오지마라.
- No me lo expliques más, **que** lo entiendo perfectamente.
  나는 그것을 완전하게 이해하니, 나에게 그것을 더 설명하지 마라.
- Tenemos que terminarlo hoy, **que** mañana es fiesta.
  내일이 축제니까, 오늘 그것을 마쳐야 한다.

(7) 결과

- Hablaba tanto **que** se reía la gente.
  그는 말을 너무 많이 해서 사람들이 웃었다.
- Tengo un calenturón **que** estoy ardiendo.
  나는 고열이 있어서 나는 몸이 뜨겁다.
- Estaba tan caliente la sopa **que** me quemé la lengua.
  그 수프가 너무 뜨거워서 나는 혀를 데었다.
- Estaban tan fatigados **que** determinaron pasar allí la noche.
  그들 너무 피곤했기 때문에 거기서 밤을 보내기로 결정했다.

(8) 목적의 개념

- Date la vuelta, **que** te veamos todos.
  우리 모두가 볼 수 있게 돌아라.
- Ponte las gafas, **que** te las vea tu hermano.
  네 형이 안경을 볼 수 있게 안경을 써라.
- Tápate, **que** no se te vea la herida.
  너의 상처가 보이지 않도록 가려라.

(9) 비교의 개념

- Es más atractivo **que** el actor.
  그는 영화배우보다 더 매력적이다.

- Tiene más libros **que** yo.
  그는 나보다 더 많은 책을 갖고 있다.
- Juan estudia más **que** Elena.
  후안은 엘레나보다 더 열심히 공부한다.

(10) 희망의 개념: [que+접속법]

- ¡**Que** lo hubiera dicho!
  그가 그것을 말했더라면 좋았을 텐데.
- ¡**Que** todo fuera tan fácil!
  모든 것이 그토록 쉽다면 좋으련만.
- ¡**Que** yo supiera lo que él sabe!
  그가 알고 있는 것을 내가 알면 좋으련만!

(11) 접속사 que의 생략: 접속법의 명사절을 도입하는 접속사 que가 문맥이 분명한 경우에 생략된다.

- Les dije [que] volvieran pronto.
  나는 그들에게 빨리 돌아오라고 말했다.
- Les rogamos [que] nos visiten lo más pronto posible.
  가능한 한 빨리 우리들을 방문해주시기를 부탁드립니다.
- Le agradecemos [que] se sirva darnos su respuesta favorable.
  우리에게 귀하의 호의적인 답변을 주시면 대단히 감사하겠습니다.

동사 변화표

1. 규칙동사
2. 불규칙동사

동사 변화표

1 규칙동사

법	직설법				
시제 / 동사	현재	부정과거	불완료과거	미래	가능
hablar 말하다 hablando hablado	hablo hablas habla hablamos habláis hablan	hablé hablaste habló hablamos hablasteis hablaron	hablaba hablabas hablaba hablábamos hablabais hablaban	hablaré hablarás hablará hablaremos hablaréis hablarán	hablaría hablarías hablaría hablaríamos hablaríais hablarían
comer 먹다 comiendo comido	como comes come comemos coméis comen	comí comiste comió comimos comisteis comieron	comía comías comía comíamos comíais comían	comeré comerás comerá comeremos comeréis comerán	comería comerías comería comeríamos comeríais comerían
vivir 살다 viviendo vivido	vivo vives vive vivimos vivís viven	viví viviste vivió vivimos vivisteis vivieron	vivía vivías vivía vivíamos vivíais vivían	viviré vivirás vivirá viviremos viviréis vivirán	viviría vivirías viviría viviríamos viviríais vivirían

접속법			명령법
현재	불완료과거 (ra형)	불완료과거 (se형)	
hable hables hable hablemos habléis hablen	hablara hablaras hablara habláramos hablarais hablaran	hablase hablases hablase hablásemos hablaseis hablasen	---- habla hable hablemos hablad hablen
coma comas coma comamos comáis coman	comiera comieras comiera comiéramos comierais comieran	comiese comieses comiese comiésemos comieseis comiesen	---- come coma comamos comed coman
viva vivas viva vivamos viváis vivan	viviera vivieras viviera viviéramos vivierais vivieran	viviese vivieses viviese viviésemos vivieseis viviesen	---- vive viva vivamos vivid vivan

2 불규칙동사

법	직설법				
시제 / 동사	현재	부정과거	불완료과거	미래	가능
actuar 움직이다 actuando actuado	actúo actúas actúa actuamos actuáis actúan	actué actuaste actuó actuamos actuasteis actuaron	actuaba actuabas actuaba actuábamos actuabais actuaban	actuaré actuarás actuará actuaremos actuaréis actuarán	actuaría actuarías actuaría actuaríamos actuaríais actuarían
adquirir 획득하다 adquiriendo adquirido	adquiero adquieres adquiere adquirimos adquirís adquieren	adquirí adquiriste adquirió adquirimos adquiristeis adquirieron	adquiría adquirías adquiría adquiríamos adquiríais adquirían	adquiriré adquirirás adquirirá adquiriremos adquiriréis adquirirán	adquiriría adquirirías adquiriría adquiriríamos adquiriríais adquirirían
advertir 알아채다 advirtiendo advertido	advierto adviertes advierte advertimos advertís advierten	advertí advertiste advirtió advertimos advertisteis advirtieron	advertía advertías advertía advertíamos advertíais advertían	advertiré advertirás advertirá advertiremos advertiréis advertirán	advertiría advertirías advertiría advertiríamos advertiríais advertirían
alzar 올리다 alzando alzado	alzo alzas alza alzamos alzáis alzan	alcé alzaste alzó alzamos alzasteis alzaron	alzaba alzabas alzaba alzábamos alzabais alzaban	alzaré alzarás alzará alzaremos alzaréis alzarán	alzaría alzarías alzaría alzaríamos alzaríais alzarían
andar 걷다 andando andado	ando andas anda andamos andáis andan	anduve anduviste anduvo anduvimos anduvisteis anduvieron	andaba andabas andaba andábamos andabais andaban	andaré andarás andará andaremos andaréis andarán	andaría andarías andaría andaríamos andaríais andarían
asir 쥐다 asiendo asido	asgo ases ase asimos asís asen	así asiste asió asimos asisteis asieron	asía asías asía asíamos asíais asían	asiré asirás asirá asiremos asiréis asirán	asiría asirías asiría asiríamos asiríais asirían

접속법			명령법
현재	불완료과거 (ra형)	불완료과거 (se형)	
actúe	actuara	actuase	----
actúes	actuaras	actuases	actúa
actúe	actuara	actuase	actúe
actuemos	actuáramos	actuásemos	actuemos
actuéis	actuarais	actuaseis	actuad
actúen	actuaran	actuasen	actúen
adquiera	adquiriera	adquiriese	----
adquieras	adquirieras	adquirieses	adquiere
adquiera	adquiriera	adquiriese	adquiera
adquiramos	adquiriéramos	adquiriésemos	adquiramos
adquiráis	adquirierais	adquirieseis	adquirid
adquieran	adquirieran	adquiriesen	adquieran
advierta	advirtiera	advirtiese	----
adviertas	advirtieras	advirtieses	advierte
advierta	advirtiera	advirtiese	advierta
advirtamos	advirtiéramos	advirtiésemos	advirtamos
advirtáis	advirtierais	advirtieseis	advertid
adviertan	advirtieran	advirtiesen	adviertan
alce	alzara	alzase	----
alces	alzaras	alzases	alza
alce	alzara	alzase	alce
alcemos	alzáramos	alzásemos	alcemos
alcéis	alzarais	alzaseis	alzad
alcen	alzaran	alzasen	alcen
ande	anduviera	anduviese	----
andes	anduvieras	anduvieses	anda
ande	anduviera	anduviese	ande
andemos	anduviéramos	anduviésemos	andemos
andéis	anduvierais	anduvieseis	andad
anden	anduvieran	anduviesen	anden
asga	asiera	asiese	----
asgas	asieras	asieses	ase
asga	asiera	asiese	asga
asgamos	asiéramos	asiésemos	asgamos
asgáis	asierais	asieseis	asid
asgan	asieran	asiesen	asgan

법	직설법				
시제 / 동사	현재	부정과거	불완료과거	미래	가능
auxiliar 도와주다 auxiliando auxiliado	auxilio auxilias auxilia auxiliamos auxiliáis auxilian	auxilié auxiliaste auxilió auxiliamos auxiliasteis auxiliaron	auxiliaba auxiliabas auxiliaba auxiliábamos auxiliabais auxiliaban	auxiliaré auxiliarás auxiliará auxiliaremos auxiliaréis auxiliarán	auxiliaría auxiliarías auxiliaría auxiliaríamos auxiliaríais auxiliarían
caber 들어가다 cabiendo cabido	quepo cabes cabe cabemos cabéis caben	cupe cupiste cupo cupimos cupisteis cupieron	cabía cabías cabía cabíamos cabíais cabían	cabré cabrás cabrá cabremos cabréis cabrán	cabría cabrías cabría cabríamos cabríais cabrían
caer 떨어지다 cayendo caído	caigo caes cae caemos caéis caen	caí caíste cayó caímos caísteis cayeron	caía caías caía caíamos caíais caían	caeré caerás caerá caeremos caeréis caerán	caería caerías caería caeríamos caeríais caerían
cambiar 바꾸다 cambiando cambiado	cambio cambias cambia cambiamos cambiáis cambian	cambié cambiaste cambió cambiamos cambiasteis cambiaron	cambiaba cambiabas cambiaba cambiábamos cambiabais cambiaban	cambiaré cambiarás cambiará cambiaremos cambiaréis cambiarán	cambiaría cambiarías cambiaría cambiaríamos cambiaríais cambiarían
coger 쥐다, 잡다 cogiendo cogido	cojo coges coge cogemos cogéis cogen	cogí cogiste cogió cogimos cogisteis cogieron	cogía cogías cogía cogíamos cogíais cogían	cogeré cogerás cogerá cogeremos cogeréis cogerán	cogería cogerías cogería cogeríamos cogeríais cogerían
conocer 알다 conociendo conocido	conozco conoces conoce conocemos conocéis conocen	conocí conociste conoció conocimos conocisteis conocieron	conocía conocías conocía conocíamos conocíais conocían	conoceré conocerás conocerá conoceremos conoceréis conocerán	conocería conocerías conocería conoceríamos conoceríais conocerían

접속법			명령법
현재	불완료과거 (ra형)	불완료과거 (se형)	
auxilie	auxiliara	auxiliase	----
auxilies	auxiliaras	auxiliases	auxilia
auxilie	auxiliara	auxiliase	auxilie
auxiliemos	auxiliáramos	auxiliásemos	auxiliemos
auxiliéis	auxiliarais	auxiliaseis	auxiliad
auxilien	auxiliaran	auxiliasen	auxilien
quepa	cupiera	cupiese	----
quepas	cupieras	cupieses	cabe
quepa	cupiera	cupiese	quepa
quepamos	cupiéramos	cupiésemos	quepamos
quepáis	cupierais	cupieseis	cabed
quepan	cupieran	cupiesen	quepan
caiga	cayera	cayese	----
caigas	cayeras	cayeses	cae
caiga	cayera	cayese	caiga
caigamos	cayéramos	cayésemos	caigamos
caigáis	cayerais	cayeseis	caed
caigan	cayeran	cayesen	caigan
cambie	cambiara	cambiase	----
cambies	cambiaras	cambiases	cambia
cambie	cambiara	cambiase	cambie
cambiemos	cambiáramos	cambiásemos	cambiemos
cambiéis	cambiarais	cambiaseis	cambiad
cambien	cambiaran	cambiasen	cambien
coja	cogiera	cogiese	----
cojas	cogieras	cogieses	coge
coja	cogiera	cogiese	coja
cojamos	cogiéramos	cogiésemos	cojamos
cojáis	cogierais	cogieseis	coged
cojan	cogieran	cogiesen	cojan
conozca	conociera	conociese	----
conozcas	conocieras	conocieses	conoce
conozca	conociera	conociese	conozca
conozcamos	conociéramos	conociésemos	conozcamos
conozcáis	conocierais	conocieseis	conoced
conozcan	conocieran	conociesen	conozcan

법	직설법				
시제 / 동사	현재	부정과거	불완료과거	미래	가능
construir 건설하다 construyendo construido	construyo construyes construye construimos construís construyen	construí construiste construyó construimos construisteis construyeron	construía construías construía construíamos construíais construían	construiré construirás construirá construiremos construiréis construirán	construiría construirías construiría construiríamos construiríais construirían
contar 세다 contando contado	cuento cuentas cuenta contamos contáis cuentan	conté contaste contó contamos contasteis contaron	contaba contabas contaba contábamos contabais contaban	contaré contarás contará contaremos contaréis contarán	contaría contarías contaría contaríamos contaríais contarían
continuar 계속하다 continuando continuado	continúo continúas continúa continuamos continuáis continúan	continué continuaste continuó continuamos continuasteis continuaron	continuaba continuabas continuaba continuábamos continuabais continuaban	continuaré continuarás continuará continuaremos continuaréis continuarán	continuaría continuarías continuaría continuaríamos continuaríais continuarían
crecer 성장하다 creciendo crecido	crezco creces crece crecemos crecéis crecen	crecí creciste creció crecimos crecisteis crecieron	crecía crecías crecía crecíamos crecíais crecían	creceré crecerás crecerá creceremos creceréis crecerán	crecería crecerías crecería creceríamos creceríais crecerían
dar 주다 dando dado	doy das da damos dais dan	di diste dio dimos disteis dieron	daba dabas daba dábamos dabais daban	daré darás dará daremos daréis darán	daría darías daría daríamos daríais darían
decir 말하다 diciendo dicho	digo dices dice decimos decís dicen	dije dijiste dijo dijimos dijisteis dijeron	decía decías decía decíamos decíais decían	diré dirás dirá diremos diréis dirán	diría dirías diría diríamos diríais dirían

접속법			명령법
현재	불완료과거 (ra형)	불완료과거 (se형)	
construya construyas construya construyamos construyáis construyan	construyera construyeras construyera construyéramos construyerais construyeran	construyese construyeses construyese construyésemos construyeseis construyesen	---- construye construya construyamos construid construyan
cuente cuentes cuente contemos contéis cuenten	contara contaras contara contáramos contarais contaran	contase contases contase contásemos contaseis contasen	---- cuenta cuente contemos contad cuenten
continúe continúes continúe continuemos continuéis continúen	continuara continuaras continuara continuáramos continuarais continuaran	continuase continuases continuase continuásemos continuaseis continuasen	---- continúa continúe continuemos continuad continúen
crezca crezcas crezca crezcamos crezcáis crezcan	creciera crecieras creciera creciéramos crecierais crecieran	creciese crecieses creciese creciésemos crecieseis creciesen	---- crece crezca crezcamos creced crezcan
dé des dé demos deis den	diera dieras diera diéramos dierais dieran	diese dieses diese diésemos dieseis diesen	---- da dé demos dad den
diga digas diga digamos digáis digan	dijera dijeras dijera dijéramos dijerais dijeran	dijese dijeses dijese dijésemos dijeseis dijesen	---- di diga digamos decid digan

<table>
<tr><th>법</th><th colspan="5">직설법</th></tr>
<tr><th>시제
동사</th><th>현재</th><th>부정과거</th><th>불완료과거</th><th>미래</th><th>가능</th></tr>
<tr><td>despedir
전송하다
despidiendo
despedido</td><td>despido
despides
despide
despedimos
despedís
despiden</td><td>despedí
despediste
despidió
despedimos
despedisteis
despidieron</td><td>despedía
despedías
despedía
despedíamos
despedíais
despedían</td><td>despediré
despedirás
despedirá
despediremos
despediréis
despedirán</td><td>despediría
despedirías
despediría
despediríamos
despediríais
despedirían</td></tr>
<tr><td>dirigir
향하게 하다
dirigiendo
dirigido</td><td>dirijo
diriges
dirige
dirigimos
dirigís
dirigen</td><td>dirigí
dirigiste
dirigió
dirigimos
dirigisteis
dirigieron</td><td>dirigía
dirigías
dirigía
dirigíamos
dirigíais
dirigían</td><td>dirigiré
dirigirás
dirigirá
dirigiremos
dirigiréis
dirigirán</td><td>dirigiría
dirigirías
dirigiría
dirigiríamos
dirigiríais
dirigirían</td></tr>
<tr><td>divertir
즐겁게 하다
divirtiendo
divertido</td><td>divierto
diviertes
divierte
divertimos
divertís
divierten</td><td>divertí
divertiste
divirtió
divertimos
divertisteis
divirtieron</td><td>divertía
divertías
divertía
divertíamos
divertíais
divertían</td><td>divertiré
divertirás
divertirá
divertiremos
divertiréis
divertirán</td><td>divertiría
divertirías
divertiría
divertiríamos
divertiríais
divertirían</td></tr>
<tr><td>dormir
잠자다
durmiendo
dormido</td><td>duermo
duermes
duerme
dormimos
dormís
duermen</td><td>dormí
dormiste
durmió
dormimos
dormisteis
durmieron</td><td>dormía
dormías
dormía
dormíamos
dormíais
dormían</td><td>dormiré
dormirás
dormirá
dormiremos
dormiréis
dormirán</td><td>dormiría
dormirías
dormiría
dormiríamos
dormiríais
dormirían</td></tr>
<tr><td>elegir
선출하다
eligiendo
elegido</td><td>elijo
eliges
elige
elegimos
elegís
eligen</td><td>elegí
elegiste
eligió
elegimos
elegisteis
eligieron</td><td>elegía
elegías
elegía
elegíamos
elegíais
elegían</td><td>elegiré
elegirás
elegirá
elegiremos
elegiréis
elegirán</td><td>elegiría
elegirías
elegiría
elegiríamos
elegiríais
elegirían</td></tr>
<tr><td>empezar
시작하다
empezando
empezado</td><td>empiezo
empiezas
empieza
empezamos
empezáis
empiezan</td><td>empecé
empezaste
empezó
empezamos
empezasteis
empezaron</td><td>empezaba
empezabas
empezaba
empezábamos
empezabais
empezaban</td><td>empezaré
empezarás
empezará
empezaremos
empezaréis
empezarán</td><td>empezaría
empezarías
empezaría
empezaríamos
empezaríais
empezarían</td></tr>
</table>

접속법			명령법
현재	불완료과거 (ra형)	불완료과거 (se형)	
despida despidas despida despidamos despidáis despidan	despidiera despidieras despidiera despidiéramos despidierais despidieran	despidiese despidieses despidiese despidiésemos despidieseis despidiesen	---- despide despida despidamos despedid despidan
dirija dirijas dirija dirijamos dirijáis dirijan	dirigiera dirigieras dirigiera dirigiéramos dirigierais dirigieran	dirigiese dirigieses dirigiese dirigiésemos dirigieseis dirigiesen	---- dirige dirija dirijamos dirigid dirijan
divierta diviertas divierta divirtamos divirtáis diviertan	divirtiera divirtieras divirtiera divirtiéramos divirtierais divirtieran	divirtiese divirtieses divirtiese divirtiésemos divirtieseis divirtiesen	---- divierte divierta divirtamos divertid diviertan
duerma duermas duerma durmamos durmáis duerman	durmiera durmieras durmiera durmiéramos durmierais durmieran	durmiese durmieses durmiese durmiésemos durmieseis durmiesen	---- duerme duerma durmamos dormid duerman
elija elijas elija elijamos elijáis elijan	eligiera eligieras eligiera eligiéramos eligierais eligieran	eligiese eligieses eligiese eligiésemos eligieseis eligiesen	---- elige elija elijamos elegid elijan
empiece empieces empiece empecemos empecéis empiecen	empezara empezaras empezara empezáramos empezarais empezaran	empezase empezases empezase empezásemos empezaseis empezasen	---- empieza empiece empecemos empezad empiecen

법	직설법				
시제 동사	현재	부정과거	불완료과거	미래	가능
encender 불을 켜다 encendiendo encendido	enciendo enciendes enciende encendemos encendéis encienden	encendí encendiste encendió encendimos encendisteis encendieron	encendía encendías encendía encendíamos encendíais encendían	encenderé encenderás encenderá encenderemos encenderéis encenderán	encendería encenderías encendería encenderíamos encenderíais encenderían
encontrar 발견하다 encontrando encontrado	encuentro encuentras encuentra encontramos encontráis encuentran	encontré encontraste encontró encontramos encontrasteis encontraron	encontraba encontrabas encontraba encontrábamos encontrabais encontraban	encontraré encontrarás encontrará encontraremos encontraréis encontrarán	encontraría encontrarías encontraría encontraríamos encontraríais encontrarían
entender 이해하다 entendiendo entendido	entiendo entiendes entiende entendemos entendéis entienden	entendí entendiste entendió entendimos entendisteis entendieron	entendía entendías entendía entendíamos entendíais entendían	entenderé entenderás entenderá entenderemos entenderéis entenderán	entendería entenderías entendería entenderíamos entenderíais entenderían
enviar 보내다 enviando enviado	envío envías envía enviamos enviáis envían	envié enviaste envió enviamos enviasteis enviaron	enviaba enviabas enviaba enviábamos enviabais enviaban	enviaré enviarás enviará enviaremos enviaréis enviarán	enviaría enviarías enviaría enviaríamos enviaríais enviarían
errar 잘못하다 errando errado	yerro yerras yerra erramos erráis yerran	erré erraste erró erramos errasteis erraron	erraba errabas erraba errábamos errabais erraban	erraré errarás errará erraremos erraréis errarán	erraría errarías erraría erraríamos erraríais errarían
estar 있다 estando estado	estoy estás está estamos estáis están	estuve estuviste estuvo estuvimos estuvisteis estuvieron	estaba estabas estaba estábamos estabais estaban	estaré estarás estará estaremos estaréis estarán	estaría estarías estaría estaríamos estaríais estarían

접속법			명령법
현재	불완료과거 (ra형)	불완료과거 (se형)	
encienda	encendiera	encendiese	----
enciendas	encendieras	encendieses	enciende
encienda	encendiera	encendiese	encienda
encendamos	encendiéramos	encendiésemos	encendamos
encendáis	encendierais	encendieseis	encended
enciendan	encendieran	encendiesen	enciendan
encuentre	encontrara	encontrase	----
encuentres	encontraras	encontrases	encuentra
encuentre	encontrara	encontrase	encuentre
encontremos	encontráramos	encontrásemos	encontremos
encontréis	encontrarais	encontraseis	encontrad
encuentren	encontraran	encontrasen	encuentren
entienda	entendiera	entendiese	----
entiendas	entendieras	entendieses	entiende
entienda	entendiera	entendiese	entienda
entendamos	entendiéramos	entendiésemos	entendamos
entendáis	entendierais	entendieseis	entended
entiendan	entendieran	entendiesen	entiendan
envíe	enviara	enviase	----
envíes	enviaras	enviases	envía
envíe	enviara	enviase	envíe
enviemos	enviáramos	enviásemos	enviemos
enviéis	enviarais	enviaseis	enviad
envíen	enviaran	enviasen	envíen
yerre	errara	errase	----
yerres	erraras	errases	yerra
yerre	errara	errase	yerre
erremos	erráramos	errásemos	erremos
erréis	errarais	erraseis	errad
yerren	erraran	errasen	yerren
esté	estuviera	estuviese	----
estés	estuvieras	estuvieses	está
esté	estuviera	estuviese	esté
estemos	estuviéramos	estuviésemos	estemos
estéis	estuvierais	estuvieseis	estad
estén	estuvieran	estuviesen	estén

법 / 시제 / 동사	직설법				
	현재	부정과거	불완료과거	미래	가능
exigir 강요하다 exigiendo exigido	exijo exiges exige exigimos exigís exigen	exigí exigiste exigió exigimos exigisteis exigieron	exigía exigías exigía exigíamos exigíais exigían	exigiré exigirás exigirá exigiremos exigiréis exigirán	exigiría exigirías exigiría exigiríamos exigiríais exigirían
extinguir 불을 끄다 extinguiendo extinguido	extingo extingues extingue extinguimos extinguís extinguen	extinguí extinguiste extinguió extinguimos extinguisteis extinguieron	extinguía extinguías extinguía extinguíamos extinguíais extinguían	extinguiré extinguirás extinguirá extinguiremos extinguiréis extinguirán	extinguiría extinguirías extinguiría extinguiríamos extinguiríais extinguirían
haber 있다 habiendo habido	he has ha(hay) hemos habéis han	hube hubiste hubo hubimos hubisteis hubieron	había habías había habíamos habíais habían	habré habrás habrá habremos habréis habrán	habría habrías habría habríamos habríais habrían
hacer ~하다 haciendo hecho	hago haces hace hacemos hacéis hacen	hice hiciste hizo hicimos hicisteis hicieron	hacía hacías hacía hacíamos hacíais hacían	haré harás hará haremos haréis harán	haría harías haría haríamos haríais harían
herir 상처주다 hiriendo herido	hiero hieres hiere herimos herís hieren	herí heriste hirió herimos heristeis hirieron	hería herías hería heríamos heríais herían	heriré herirás herirá heriremos heriréis herirán	heriría herirías heriría heriríamos heriríais herirían
hervir 끓다 hirviendo hervido	hiervo hierves hierve hervimos hervís hierven	herví herviste hirvió hervimos hervisteis hirvieron	hervía hervías hervía hervíamos hervíais hervían	herviré hervirás hervirá herviremos herviréis hervirán	herviría hervirías herviría herviríamos herviríais hervirían

현재	접속법 불완료과거 (ra형)	접속법 불완료과거 (se형)	명령법
exija exijas exija exijamos exijáis exijan	exigiera exigieras exigiera exigiéramos exigierais exigieran	exigiese exigieses exigiese exigiésemos exigieseis exigiesen	---- exige exija exijamos exigid exijan
extinga extingas extinga extingamos extingáis extingan	extinguiera extinguieras extinguiera extinguiéramos extinguierais extinguieran	extinguiese extinguieses extinguiese extinguiésemos extinguieseis extinguiesen	---- extingue extinga extingamos extinguid extingan
haya hayas haya hayamos hayáis hayan	hubiera hubieras hubiera hubiéramos hubierais hubieran	hubiese hubieses hubiese hubiésemos hubieseis hubiesen	---- he haya hayamos habed hayan
haga hagas haga hagamos hagáis hagan	hiciera hicieras hiciera hiciéramos hicierais hicieran	hiciese hicieses hiciese hiciésemos hicieseis hiciesen	---- haz haga hagamos haced hagan
hiera hieras hiera hiramos hiráis hieran	hiriera hirieras hiriera hiriéramos hirierais hirieran	hiriese hirieses hiriese hiriésemos hirieseis hiriesen	---- hiere hiera hiramos herid hieran
hierva hiervas hierva hirvamos hirváis hiervan	hirviera hirvieras hirviera hirviéramos hirvierais hirvieran	hirviese hirvieses hirviese hirviésemos hirvieseis hirviesen	---- hierve hierva hirvamos hervid hiervan

법	직설법				
시제 동사	현재	부정과거	불완료과거	미래	가능
huir 도망치다 huyendo huido	huyo huyes huye huimos huis(huís) huyen	hui huiste huyó huimos huisteis huyeron	huía huías huía huíamos huíais huían	huiré huirás huirá huiremos huiréis huirán	huiría huirías huiría huiríamos huiríais huirían
ir 가다 yendo ido	voy vas va vamos vais van	fui fuiste fue fuimos fuisteis fueron	iba ibas iba íbamos ibais iban	iré irás irá iremos iréis irán	iría irías iría iríamos iríais irían
jugar 놀다 jugando jugado	juego juegas juega jugamos jugáis juegan	jugué jugaste jugó jugamos jugasteis jugaron	jugaba jugabas jugaba jugábamos jugabais jugaban	jugaré jugarás jugará jugaremos jugaréis jugarán	jugaría jugarías jugaría jugaríamos jugaríais jugarían
leer 읽다 leyendo leído	leo lees lee leemos leéis leen	leí leíste leyó leímos leísteis leyeron	leía leías leía leíamos leíais leían	leeré leerás leerá leeremos leeréis leerán	leería leerías leería leeríamos leeríais leerían
lucir 빛이 나다 luciendo lucido	luzco luces luce lucimos lucís lucen	lucí luciste lució lucimos lucisteis lucieron	lucía lucías lucía lucíamos lucíais lucían	luciré lucirás lucirá luciremos luciréis lucirán	luciría lucirías luciría luciríamos luciríais lucirían
mentir 거짓말하다 mintiendo mentido	miento mientes miente mentimos mentís mienten	mentí mentiste mintió mentimos mentisteis mintieron	mentía mentías mentía mentíamos mentíais mentían	mentiré mentirás mentirá mentiremos mentiréis mentirán	mentiría mentirías mentiría mentiríamos mentiríais mentirían

접속법			명령법
현재	불완료과거 (ra형)	불완료과거 (se형)	
huya	huyera	huyese	----
huyas	huyeras	huyeses	huye
huya	huyera	huyese	huya
huyamos	huyéramos	huyésemos	huyamos
huyáis	huyerais	huyeseis	huid
huyan	huyeran	huyesen	huyan
vaya	fuera	fuese	----
vayas	fueras	fueses	ve
vaya	fuera	fuese	vaya
vayamos	fuéramos	fuésemos	vamos
vayáis	fuerais	fueseis	id
vayan	fueran	fuesen	vayan
juegue	jugara	jugase	----
juegues	jugaras	jugases	juega
juegue	jugara	jugase	juegue
juguemos	jugáramos	jugásemos	juguemos
juguéis	jugarais	jugaseis	jugad
jueguen	jugaran	jugasen	jueguen
lea	leyera	leyese	----
leas	leyeras	leyeses	lee
lea	leyera	leyese	lea
leamos	leyéramos	leyésemos	leamos
leáis	leyerais	leyeseis	leed
lean	leyeran	leyesen	lean
luzca	luciera	luciese	----
luzcas	lucieras	lucieses	luce
luzca	luciera	luciese	luzca
luzcamos	luciéramos	luciésemos	luzcamos
luzcáis	lucierais	lucieseis	lucid
luzcan	lucieran	luciesen	luzcan
mienta	mintiera	mintiese	----
mientas	mintieras	mintieses	miente
mienta	mintiera	mintiese	mienta
mintamos	mintiéramos	mintiésemos	mintamos
mintáis	mintierais	mintieseis	mentid
mientan	mintieran	mintiesen	mientan

법	직설법				
시제 / 동사	현재	부정과거	불완료과거	미래	가능
morir 죽다 muriendo muerto	muero mueres muere morimos morís mueren	morí moriste murió morimos moristeis murieron	moría morías moría moríamos moríais morían	moriré morirás morirá moriremos moriréis morirán	moriría morirías moriría moriríamos moriríais morirían
nacer 태어나다 naciendo nacido	nazco naces nace nacemos nacéis nacen	nací naciste nació nacimos nacisteis nacieron	nacía nacías nacía nacíamos nacíais nacían	naceré nacerás nacerá naceremos naceréis nacerán	nacería nacerías nacería naceríamos naceríais nacerían
oír 듣다 oyendo oído	oigo oyes oye oímos oís oyen	oí oíste oyó oímos oísteis oyeron	oía oías oía oíamos oíais oían	oiré oirás oirá oiremos oiréis oirán	oiría oirías oiría oiríamos oiríais oirían
oler 냄새맡다 oliendo olido	huelo hueles huele olemos oléis huelen	olí oliste olió olimos olisteis olieron	olía olías olía olíamos olíais olían	oleré olerás olerá oleremos oleréis olerán	olería olerías olería oleríamos oleríais olerían
pagar 지불하다 pagando pagado	pago pagas paga pagamos pagáis pagan	pagué pagaste pagó pagamos pagasteis pagaron	pagaba pagabas pagaba pagábamos pagabais pagaban	pagaré pagarás pagará pagaremos pagaréis pagarán	pagaría pagarías pagaría pagaríamos pagaríais pagarían
pedir 요구하다 pidiendo pedido	pido pides pide pedimos pedís piden	pedí pediste pidió pedimos pedisteis pidieron	pedía pedías pedía pedíamos pedíais pedían	pediré pedirás pedirá pediremos pediréis pedirán	pediría pedirías pediría pediríamos pediríais pedirían

접속법			명령법
현재	불완료과거 (ra형)	불완료과거 (se형)	
muera	muriera	muriese	----
mueras	murieras	murieses	muere
muera	muriera	muriese	muera
muramos	muriéramos	muriésemos	muramos
muráis	murierais	murieseis	morid
mueran	murieran	muriesen	mueran
nazca	naciera	naciese	----
nazcas	nacieras	nacieses	nace
nazca	naciera	naciese	nazca
nazcamos	naciéramos	naciésemos	nazcamos
nazcáis	nacierais	nacieseis	naced
nazcan	nacieran	naciesen	nazcan
oiga	oyera	oyese	----
oigas	oyeras	oyeses	oye
oiga	oyera	oyese	oiga
oigamos	oyéramos	oyésemos	oigamos
oigáis	oyerais	oyeseis	oid
oigan	oyeran	oyesen	oigan
huela	oliera	oliese	----
huelas	olieras	olieses	huele
huela	oliera	oliese	huela
olamos	oliéramos	oliésemos	olamos
oláis	olierais	olieseis	oled
huelan	olieran	oliesen	huelan
pague	pagara	pagase	----
pagues	pagaras	pagases	paga
pague	pagara	pagase	pague
paguemos	pagáramos	pagásemos	paguemos
paguéis	pagarais	pagaseis	pagad
paguen	pagaran	pagasen	paguen
pida	pidiera	pidiese	----
pidas	pidieras	pidieses	pide
pida	pidiera	pidiese	pida
pidamos	pidiéramos	pidiésemos	pidamos
pidáis	pidierais	pidieseis	pedid
pidan	pidieran	pidiesen	pidan

법	직설법				
시제 동사	현재	부정과거	불완료과거	미래	가능
pensar 생각하다 pensando pensado	pienso piensas piensa pensamos pensáis piensan	pensé pensaste pensó pensamos pensasteis pensaron	pensaba pensabas pensaba pensábamos pensabais pensaban	pensaré pensarás pensará pensaremos pensaréis pensarán	pensaría pensarías pensaría pensaríamos pensaríais pensarían
perder 잃다 perdiendo perdido	pierdo pierdes pierde perdemos perdéis pierden	perdí perdiste perdió perdimos perdisteis perdieron	perdía perdías perdía perdíamos perdíais perdían	perderé perderás perderá perderemos perderéis perderán	perdería perderías perdería perderíamos perderíais perderían
poder 할 수 있다 pudiendo podido	puedo puedes puede podemos podéis pueden	pude pudiste pudo pudimos pudisteis pudieron	podía podías podía podíamos podíais podían	podré podrás podrá podremos podréis podrán	podría podrías podría podríamos podríais podrían
poner 놓다 poniendo puesto	pongo pones pone ponemos ponéis ponen	puse pusiste puso pusimos pusisteis pusieron	ponía ponías ponía poníamos poníais ponían	pondré pondrás pondrá pondremos pondréis pondrán	pondría pondrías pondría pondríamos pondríais pondrían
preferir 선호하다 prefiriendo preferido	prefiero prefieres prefiere preferimos preferís prefieren	preferí preferiste prefirió preferimos preferisteis prefirieron	prefería preferías prefería preferíamos preferíais preferían	preferiré preferirás preferirá preferiremos preferiréis preferirán	preferiría preferirías preferiría preferiríamos preferiríais preferirían
querer 좋아하다 queriendo querido	quiero quieres quiere queremos queréis quieren	quise quisiste quiso quisimos quisisteis quisieron	quería querías quería queríamos queríais querían	querré querrás querrá querremos querréis querrán	querría querrías querría querríamos querríais querrían

접속법			명령법
현재	불완료과거 (ra형)	불완료과거 (se형)	
piense pienses piense pensemos penséis piensen	pensara pensaras pensara pensáramos pensarais pensaran	pensase pensases pensase pensásemos pensaseis pensasen	---- piensa piense pensemos pensad piensen
pierda pierdas pierda perdamos perdáis pierdan	perdiera perdieras perdiera perdiéramos perdierais perdieran	perdiese perdieses perdiese perdiésemos perdieseis perdiesen	---- pierde pierda perdamos perded pierdan
pueda puedas pueda podamos podáis puedan	pudiera pudieras pudiera pudiéramos pudierais pudieran	pudiese pudieses pudiese pudiésemos pudieseis pudiesen	---- puede pueda podamos poded puedan
ponga pongas ponga pongamos pongáis pongan	pusiera pusieras pusiera pusiéramos pusierais pusieran	pusiese pusieses pusiese pusiésemos pusieseis pusiesen	---- pon ponga pongamos poned pongan
prefiera prefieras prefiera prefiramos prefiráis prefieran	prefiriera prefirieras prefiriera prefiriéramos prefirierais prefirieran	prefiriese prefirieses prefiriese prefiriésemos prefirieseis prefiriesen	---- prefiere prefiera prefiramos preferid prefieran
quiera quieras quiera queramos queráis quieran	quisiera quisieras quisiera quisiéramos quisierais quisieran	quisiese quisieses quisiese quisiésemos quisieseis quisiesen	---- quiere quiera queramos quered quieran

법	직설법				
시제 / 동사	현재	부정과거	불완료과거	미래	가능
recordar 기억하다 recordando recordado	recuerdo recuerdas recuerda recordamos recordáis recuerdan	recordé recordaste recordó recordamos recordasteis recordaron	recordaba recordabas recordaba recordábamos recordabais recordaban	recordaré recordarás recordará recordaremos recordaréis recordarán	recordaría recordarías recordaría recordaríamos recordaríais recordarían
reducir 줄이다 reduciendo reducido	reduzco reduces reduce reducimos reducís reducen	reduje redujiste redujo redujimos redujisteis redujeron	reducía reducías reducía reducíamos reducíais reducían	reduciré reducirás reducirá reduciremos reduciréis reducirán	reduciría reducirías reduciría reduciríamos reduciríais reducirían
reír 웃다 riendo reído	río ríes ríe reímos reís ríen	reí reíste rio(rió) reímos reísteis rieron	reía reías reía reíamos reíais reían	reiré reirás reirá reiremos reiréis reirán	reiría reirías reiría reiríamos reiríais reirían
reunir 모이다 reuniendo reunido	reúno reúnes reúne reunimos reunís reúnen	reuní reuniste reunió reunimos reunisteis reunieron	reunía reunías reunía reuníamos reuníais reunían	reuniré reunirás reunirá reuniremos reuniréis reunirán	reuniría reunirías reuniría reuniríamos reuniríais reunirían
roer 갉다 royendo roído	roigo roes roe roemos roéis roen	roí roíste royó roímos roísteis royeron	roía roías roía roíamos roíais roían	roeré roerás roerá roeremos roeréis roerán	roería roerías roería roeríamos roeríais roerían
saber 알다 sabiendo sabido	sé sabes sabe sabemos sabéis saben	supe supiste supo supimos supisteis supieron	sabía sabías sabía sabíamos sabíais sabían	sabré sabrás sabrá sabremos sabréis sabrán	sabría sabrías sabría sabríamos sabríais sabrían

접속법			명령법
현재	불완료과거 (ra형)	불완료과거 (se형)	
recuerde recuerdes recuerde recordemos recordéis recuerden	recordara recordaras recordara recordáramos recordarais recordaran	recordase recordases recordase recordásemos recordaseis recordasen	---- recuerda recuerde recordemos recordad recuerden
reduzca reduzcas reduzca reduzcamos reduzcáis reduzcan	redujera redujeras redujera redujéramos redujerais redujeran	redujese redujeses redujese redujésemos redujeseis redujesen	---- reduce reduzca reduzcamos reducid reduzcan
ría rías ría riamos riais(riáis) rían	riera rieras riera riéramos rierais rieran	riese rieses riese riésemos rieseis riesen	---- ríe ría riamos reíd rían
reúna reúnas reúna reunamos reunáis reúnan	reuniera reunieras reuniera reuniéramos reunierais reunieran	reuniese reunieses reuniese reuniésemos reunieseis reuniesen	---- reúne reúna reunamos reunid reúnan
roiga roigas roiga roigamos roigáis roigan	royera royeras royera royéramos royerais royeran	royese royeses royese royésemos royeseis royesen	---- roe roiga roigamos roed roigan
sepa sepas sepa sepamos sepáis sepan	supiera supieras supiera supiéramos supierais supieran	supiese supieses supiese supiésemos supieseis supiesen	---- sabe sepa sepamos sabed sepan

법	직설법				
시제 / 동사	현재	부정과거	불완료과거	미래	가능
	saco	saqué	sacaba	sacaré	sacaría
sacar	sacas	sacaste	sacabas	sacarás	sacarías
꺼내다	saca	sacó	sacaba	sacará	sacaría
sacando	sacamos	sacamos	sacábamos	sacaremos	sacaríamos
sacado	sacáis	sacasteis	sacabais	sacaréis	sacaríais
	sacan	sacaron	sacaban	sacarán	sacarían
	salgo	salí	salía	saldré	saldría
salir	sales	saliste	salías	saldrás	saldrías
나가다	sale	salió	salía	saldrá	saldría
saliendo	salimos	salimos	salíamos	saldremos	saldríamos
salido	salís	salisteis	salíais	saldréis	saldríais
	salen	salieron	salían	saldrán	saldrían
	sigo	seguí	seguía	seguiré	seguiría
seguir	sigues	seguiste	seguías	seguirás	seguirías
따르다	sigue	siguió	seguía	seguirá	seguiría
siguiendo	seguimos	seguimos	seguíamos	seguiremos	seguiríamos
seguido	seguís	seguisteis	seguíais	seguiréis	seguiríais
	siguen	siguieron	seguían	seguirán	seguirían
	siento	senté	sentaba	sentaré	sentaría
sentar	sientas	sentaste	sentabas	sentarás	sentarías
앉히다	sienta	sentó	sentaba	sentará	sentaría
sentando	sentamos	sentamos	sentábamos	sentaremos	sentaríamos
sentado	sentáis	sentasteis	sentabais	sentaréis	sentaríais
	sientan	sentaron	sentaban	sentarán	sentarían
	siento	sentí	sentía	sentiré	sentiría
sentir	sientes	sentiste	sentías	sentirás	sentirías
느끼다	siente	sintió	sentía	sentirá	sentiría
sintiendo	sentimos	sentimos	sentíamos	sentiremos	sentiríamos
sentido	sentís	sentisteis	sentíais	sentiréis	sentiríais
	sienten	sintieron	sentían	sentirán	sentirían
	soy	fui	era	seré	sería
ser	eres	fuiste	eras	serás	serías
~이다	es	fue	era	será	sería
siendo	somos	fuimos	éramos	seremos	seríamos
sido	sois	fuisteis	erais	seréis	seríais
	son	fueron	eran	serán	serían

접속법			명령법
현재	불완료과거 (ra형)	불완료과거 (se형)	
saque	sacara	sacase	----
saques	sacaras	sacases	saca
saque	sacara	sacase	saque
saquemos	sacáramos	sacásemos	saquemos
saquéis	sacarais	sacaseis	sacad
saquen	sacaran	sacasen	saquen
salga	saliera	saliese	----
salgas	salieras	salieses	sal
salga	saliera	saliese	salga
salgamos	saliéramos	saliésemos	salgamos
salgáis	salierais	salieseis	salid
salgan	salieran	saliesen	salgan
siga	siguiera	siguiese	----
sigas	siguieras	siguieses	sigue
siga	siguiera	siguiese	siga
sigamos	siguiéramos	siguiésemos	sigamos
sigáis	siguierais	siguieseis	seguid
sigan	siguieran	siguiesen	sigan
siente	sentara	sentase	----
sientes	sentaras	sentases	sienta
siente	sentara	sentase	siente
sentemos	sentáramos	sentásemos	sentemos
sentéis	sentarais	sentaseis	sentad
sienten	sentaran	sentasen	sienten
sienta	sintiera	sintiese	----
sientas	sintieras	sintieses	siente
sienta	sintiera	sintiese	sienta
sintamos	sintiéramos	sintiésemos	sintamos
sintáis	sintierais	sintieseis	sentid
sientan	sintieran	sintiesen	sientan
sea	fuera	fuese	----
seas	fueras	fueses	sé
sea	fuera	fuese	sea
seamos	fuéramos	fuésemos	seamos
seáis	fuerais	fueseis	sed
sean	fueran	fuesen	sean

<table>
<tr><th>법</th><th colspan="5">직설법</th></tr>
<tr><th>시제
동사</th><th>현재</th><th>부정과거</th><th>불완료과거</th><th>미래</th><th>가능</th></tr>
<tr><td>servir
봉사하다
sirviendo
servido</td><td>sirvo
sirves
sirve
servimos
servís
sirven</td><td>serví
serviste
sirvió
servimos
servisteis
sirvieron</td><td>servía
servías
servía
servíamos
servíais
servían</td><td>serviré
servirás
servirá
serviremos
serviréis
servirán</td><td>serviría
servirías
serviría
serviríamos
serviríais
servirían</td></tr>
<tr><td>tener
가지다
teniendo
tenido</td><td>tengo
tienes
tiene
tenemos
tenéis
tienen</td><td>tuve
tuviste
tuvo
tuvimos
tuvisteis
tuvieron</td><td>tenía
tenías
tenía
teníamos
teníais
tenían</td><td>tendré
tendrás
tendrá
tendremos
tendréis
tendrán</td><td>tendría
tendrías
tendría
tendríamos
tendríais
tendrían</td></tr>
<tr><td>traer
가져오다
trayendo
traído</td><td>traigo
traes
trae
traemos
traéis
traen</td><td>traje
trajiste
trajo
trajimos
trajisteis
trajeron</td><td>traía
traías
traía
traíamos
traíais
traían</td><td>traeré
traerás
traerá
traeremos
traeréis
traerán</td><td>traería
traerías
traería
traeríamos
traeríais
traerían</td></tr>
<tr><td>valer
가치가 있다
valiendo
valido</td><td>valgo
vales
vale
valemos
valéis
valen</td><td>valí
valiste
valió
valimos
valisteis
valieron</td><td>valía
valías
valía
valíamos
valíais
valían</td><td>valdré
valdrás
valdrá
valdremos
valdréis
valdrán</td><td>valdría
valdrías
valdría
valdríamos
valdríais
valdrían</td></tr>
<tr><td>venir
오다
viniendo
venido</td><td>vengo
vienes
viene
venimos
venís
vienen</td><td>vine
viniste
vino
vinimos
vinisteis
vinieron</td><td>venía
venías
venía
veníamos
veníais
venían</td><td>vendré
vendrás
vendrá
vendremos
vendréis
vendrán</td><td>vendría
vendrías
vendría
vendríamos
vendríais
vendrían</td></tr>
<tr><td>ver
보다
viendo
visto</td><td>veo
ves
ve
vemos
veis
ven</td><td>vi
viste
vio
vimos
visteis
vieron</td><td>veía
veías
veía
veíamos
veíais
veían</td><td>veré
verás
verá
veremos
veréis
verán</td><td>vería
verías
vería
veríamos
veríais
verían</td></tr>
</table>

접속법			명령법
현재	불완료과거 (ra형)	불완료과거 (se형)	
sirva	sirviera	sirviese	----
sirvas	sirvieras	sirvieses	sirve
sirva	sirviera	sirviese	sirva
sirvamos	sirviéramos	sirviésemos	sirvamos
sirváis	sirvierais	sirvieseis	servid
sirvan	sirvieran	sirviesen	sirvan
tenga	tuviera	tuviese	----
tengas	tuvieras	tuvieses	ten
tenga	tuviera	tuviese	tenga
tengamos	tuviéramos	tuviésemos	tengamos
tengáis	tuvierais	tuvieseis	tened
tengan	tuvieran	tuviesen	tengan
traiga	trajera	trajese	----
traigas	trajeras	trajeses	trae
traiga	trajera	trajese	traiga
traigamos	trajéramos	trajésemos	traigamos
traigáis	trajerais	trajeseis	traed
traigan	trajeran	trajesen	traigan
valga	valiera	valiese	----
valgas	valieras	valieses	val 또는 vale
valga	valiera	valiese	valga
valgamos	valiéramos	valiésemos	valgamos
valgáis	valierais	valieseis	valed
valgan	valieran	valiesen	valgan
venga	viniera	viniese	----
vengas	vinieras	vinieses	ven
venga	viniera	viniese	venga
vengamos	viniéramos	viniésemos	vengamos
vengáis	vinierais	vinieseis	venid
vengan	vinieran	viniesen	vengan
vea	viera	viese	----
veas	vieras	vieses	ve
vea	viera	viese	vea
veamos	viéramos	viésemos	veamos
veáis	vierais	vieseis	ved
vean	vieran	viesen	vean

법	직설법				
시제 / 동사	현재	부정과거	불완료과거	미래	가능
vestir 옷을 입히다 vistiendo vestido	visto vistes viste vestimos vestís visten	vestí vestiste vistió vestimos vestisteis vistieron	vestía vestías vestía vestíamos vestíais vestían	vestiré vestirás vestirá vestiremos vestiréis vestirán	vestiría vestirías vestiría vestiríamos vestiríais vestirían
volver 돌아오다 volviendo vuelto	vuelvo vuelves vuelve volvemos volvéis vuelven	volví volviste volvió volvimos volvisteis volvieron	volvía volvías volvía volvíamos volvíais volvían	volveré volverás volverá volveremos volveréis volverán	volvería volverías volvería volveríamos volveríais volverían

접속법			명령법
현재	불완료과거 (ra형)	불완료과거 (se형)	
vista vistas vista vistamos vistáis vistan	vistiera vistieras vistiera vistiéramos vistierais vistieran	vistiese vistieses vistiese vistiésemos vistieseis vistiesen	---- viste vista vistamos vestid vistan
vuelva vuelvas vuelva volvamos volváis vuelvan	volviera volvieras volviera volviéramos volvierais volvieran	volviese volvieses volviese volviésemos volvieseis volviesen	---- vuelve vuelva volvamos volved vuelvan

참고문헌

Álvarez Martínez, María Ángeles(1992), *El adverbio*, Madrid: Arco Libros.

Butterfield, Jeremy(2006), *Collins Spanish Dictionary & Grammar*, London: Harper Collins.

Casado Velarde, M.(1995), *Usos y normas del castellano actual*, Pamplona: EÚNSA.

Cascón Martín, Eugenio(2004), *Manual del buen uso del español*, Madrid: Castalia.

Castro, Francisca(2006), *Uso de la gramática española*, Madrid: Edelsa.

Devney Richmond, Dorothy(2004), *Spanish vebrb tenses*, New York: McGraw-Hill.

Fernández López, María del Carmen(1999), *Las preposiciones en español: Valores y usos/Construcciones preposicionales*, Salamanca: Ediciones Colegio de España.

García Santos, J.F.(1999), *Sintaxis del Español*, Salamanca: Univ. Salamanca.

Gómez Torrego, L.(1995), *Manual de español correcto*, Madrid: Arco Libros.

________(1996), *Teoría y práctica de la sintaxis*, Univ. Alhambra.

González Calvo, José Manuel(1995), *La oración simple*, Madrid: Arco Libros.

Hernández, Guillermo(1997), *Análisis gramatical*. Madrid: SGEL.

Hernando Cuadrado, L.A.(1992), *La oración gramatical*, Madrid: Cincel.

Luquet, Gilles(2004), *La teoría de los modos en la descripción del verbo español*, Madrid: Arco Libros.

Marcos Marín, Francisco & Paloma España Ramírez(2001), *Guía de gramática de la lengua española*, Madrid: Espasa-Calpe.

Martín-Abril, Paula Arenas(2005), *Hablar y escribir correctamente*, Madrid: Edimat Libros.

_______(2005), *Gramática de la lengua española*, Madrid: Edimat Libros.

Matte Bon, Francisco(1992), *Gramática comunicativa del español*, Madrid: Difusión.

Moreno, Concha(2004), *Temas de Gramática*, Madrid: SGEL.

Nissenberg, Gilda(2004), *Complete Spanish Grammar*, New York: McGraw-Hill.

Osuna García, Francisco(2005), *Las construcciones de relativo*, Córdoba: Univ. de Córdoba.

Porto Dapena, José Álvaro(1991), *Del indicativo al subjuntivo*, Madrid: Arco Libros.

Real Academia Española(2004), *Esbozo de una nueva gramática de la lengua española*, Madrid: Espasa-Calpe.

Sarmiento, Ramón(1999), *Manual de Corrección Gramátical y de Estilo*, Madrid: SGEL.

Sarmiento, Ramón & Aquilino Sánchez(2002), *Gramática básica del español*, Madrid: SGEL.

_______(2005), *Gramática práctica del español actual*, Madrid: SGEL.

Sastre Ruano, M.ª Ángeles(2004), *El subjuntivo en español*, Madrid: Ediciones Colegio de España.

Seco, M.(1993), *Gramática esencial del español*, Madrid: Aguilar.

Seco, Rafael(1992), *Manual de gramática española*, Madrid: Aguilar.

Stockwell, Robert P.(1999), *The gramatical structures of English and Spanish*, Chicago: Univ. of Chicago Press.

You, Yeonchang(2002), *Total Spanish Grammar*, Seoul: Samyoung.

_______(2005), *Spanish subjunctive*, Seoul: HUFS Press.

스페인어 문장 이야기

초 판 발행 2008년 2월 20일
수정판 발행 2011년 12월 20일

지 은 이 ▪ 유연창
펴 낸 이 ▪ 박 철
펴 낸 곳 ▪ 한국외국어대학교 출판부
130-791 서울시 동대문구 이문동 270
전화 (02)2173-2495~7
팩스 (02)2173-3363
홈페이지 http://press.hufs.ac.kr
전자우편 press@hufs.ac.kr
출판등록 ▪ 제6-6호(1969. 4. 30)
디자인 · 편집 ▪ 디자인퍼브 (02)2254-4301
인쇄 · 제본 ▪ (주)SM C&P (02)468-6100

ISBN 978-89-7464-640-0 13770 정가 13,000원

* 잘못된 책은 교환하여 드립니다.